소중한 당신 _____ 님께
자신감을 드립니다.

모든 것은 자신감에서 출발한다. 나를 일어서게 하는 힘!

Shout! 자신감
The Winner Takes It All

Shout! 자신감

지은이 _ 손용규 ㅣ 기획 _ 시니어C 최수정

펴낸이 _ 김병은
스토리텔링 _ 최광예 ㅣ 일러스트 _ 양희윤

2007년 6월 7일 초판 1쇄 인쇄 ㅣ 2007년 6월 15일 초판 1쇄 발행

펴낸곳 _ 프롬북스
등록 제313-2007-000021호
서울시 마포구 성산동 133-7 도원빌딩 307호
TEL. 02-308-0721, 0761 ㅣ FAX. 02-308-7781
www.frombooks.co.kr ㅣ edit@frombooks.co.kr

ISBN _ 978-89-959348-3-8 03320

Shout!

The Winner Takes It All

자신감

The Winner Takes It All
'인생의 게임'에서는 승리한 자만이 모든 것을 얻게 된다

더 이상은 이야기하고 싶지 않습니다.
우리가 겪어온 일들에 대해서.
가슴이 아파서,
이제 모두 끝난 일이기에.
I don't wanna talk
About the things we've gone through
Though it's hurting me
Now it's history

내가 가진 패를 다 보여주고 말았어요.
그리고 당신도 마찬가지였지요.
더 이상 할 말은 없습니다.
에이스 카드 한 장마저도 지금은 남지 않았습니다.
I've played all my cards
And that's what you've done too
Nothing more to say
No more ace to play

승자가 모든 걸 갖게 되고
패자는 초라한 모습으로 남게 됩니다.
그것도 승자 옆에서 말입니다.
그것이 운명이겠지요.
The winner takes it all
The loser standing small
Beside the victory
That's her destiny

그대 품에 포근히 안기는 것이
내 자리라 생각했었지요.
당연한 일이니까요.
I was in your arms
Thinking I belonged there
I figured it made sense

내 주위를 안전하게 울타리치고,
내 집을 예쁘게 꾸민다면
그 안에서 난 굳건할 수 있으리라 믿었습니다.
Building me a fence
Building me a home
Thinking I'd be strong there

그러나 나는 바보였답니다.
규칙대로 게임을 했으니까요.
신들은 주사위를 던질 때
그들의 마음은 얼음처럼 차갑지요.
그리고 우리 중 누군가는
사랑했던 이를 잃게 되겠지요.
But I was a fool
Playing by the rules
The gods may throw a dice
Their minds as cold as ice
And someone way down here
Loses someone dear

승자가 모든 것을 갖고
패자는 떨어져나가야만 하지요.
게임의 법칙은 아주 간단명료한데
내가 어떻게 불평을 하겠어요.
The winner takes it all
The loser has to fall
It's simple and it's plain
Why should I complain.

그러나 말해 주세요.
내가 당신에게 입 맞췄을 때에
당신도 같은 느낌이었나요?
이름을 부를 때에도
마음 깊은 곳에서
당신을 그리워했던 것처럼 당신도 그리워했는지.
But tell me does she kiss
Like I used to kiss you?
Does it feel the same
When she calls your name?
Somewhere deep inside
You must know I miss you

지금 내가 무슨 말을 할 수 있을까요?
게임의 법칙에 복종해야만 하는데…….
게임의 심판인 신들은 이렇게 결정하겠지요.
나 같은 이들은 고개를 숙여야 한다고.
But what can I say
Rules must be obeyed
The judges will decide
 The likes of me abide

게임을 지켜보는 구경꾼들은 쇼를 보듯
언제나 나지막히 숨을 죽이지요.
또다시 게임은 시작됩니다.
Spectators of the show
Always staying low
The game is on again

연인이 될지 친구가 될지
큰 몫이 되건 작은 몫이 되건
승자는 모든 것을 갖게 되겠지요.
더 이상은 말하지 않겠습니다.
당신이 우울할 테니까.
A lover or a friend
A big thing or a small
The winner takes it all
I don't wanna talk
If it makes you feel sad

내가 이해하겠습니다.
설령 당신이 작별의 손을 내밀어도.
미안해요.
당신을 언짢게 했던 것을
딱딱하게 얼어버린
자신감 없는 내 모습을.
And I understand
You've come to shake my hand
I apologize
If it makes you feel bad
Seeing me so tense
No self-confidence

당신도 알게 되겠지요.
'인생의 게임'에서는 승자가 모든 것을 얻게 된다는 것을.
승자만이 모든 것을 갖게 된다는 것을…….
But you see
The winner takes it all
The winner takes it all

나를 일어서게 하는 힘

"여보, 이거라도 은행에 가서 돈으로 바꿔보세요."

아내는 붉은색 공단 천의 작은 주머니에서 결혼반지를 꺼내며 말했다. 그런 아내의 눈을 똑바로 볼 수가 없었다.

"결혼반지라……. 꼭 결혼반지까지 팔아야 하나?"

그저 방바닥만을 의지하고 있는 내 두 손을 아내는 꼭 잡으며 말했다.

"당신이 내게 준 세상에서 가장 아름다운 이 선물이 주는 사람이나 받는 사람 모두에게 자신감을 줄 것 같아요."

나는 그길로 은행에 달려가 백만원짜리 수표와 반지를 교환했다. 그리고 집으로 돌아와 한 달 전 교통사고로 알게 된 한 젊은 남자에게 전화를 걸었다. 그는 가난한 사람이었고 돈 때문에 몹시 괴로워했었다. IMF 충격에 너도나도 좌절하는 마당에 피해자와 가해자의 의미는 내게 중요한 것이 아니었다.

"아내의 결혼반지를 팔아서 돈을 보냅니다. 그래서 더 소중한 돈이니 이제 희망을 찾으시고 아이들과 행복하게 지내세요."

교통사고의 책임 유무를 떠나 마음속 깊이 우러나오는 선행을 아내의 도움으로 나는 즐겁게 할 수가 있었다. 그 젊은 남자는 내게 미안하다는 말 대신에 고맙다는 말을 남겼다.

"제가 가해자인데 피해자인 선생님이 돈을 보내시다니……. 그것도 결혼반지를 팔아서……, 고맙습니다. 평생 잊지 않고 두 분을 위해서 기도하는 마음으로 살아가겠습니다."

아내는 그날 밤 결혼반지를 생각하며 놀이터에 앉아 그저 눈물만 흘렸다. 그러나 그 눈물이 반지에 대한 후회가 아니라 앞날에 대한 참담함임을 난 너무도 잘 알았다.

"당신 회사도 문을 닫고 집 주인의 사업 실패로 전세금은 경매로 넘어가고 달랑 반지 하나 남았는데 그것도 남 줬네요. 이제 우리는 어떻게 살아야 할지……."

"가장 소중한 것을 주었지만 가장 소중한 것을 얻었잖아. 당신의 용기에 그 사람도 나도 이제 자신감을 가지고 더 나은 미래를 꿈꾸며 살 수 있을 것 같아."

"정말 자신감이 생겨요?"

아내의 눈물을 닦아주며 나는 말했다.

"지금은 우리 부부가 산을 오르다 중턱에 앉아 쉬었다 간다고 생각하자. 남에게 준 결혼반지 때문이라도 당신에게 미안해서라도 난 더 열심히 살 것 같아."

IMF의 충격 이후 어느덧 10년이라는 세월이 흘러 지난날을 돌아보니 아내의 결혼반지는 나라를 구한 것이 아니라 두 남자를 구한 것 같다. 비록 한 남자의 소식은 모르지만 또 한 남자는 사랑하는 아내 곁에서 '자신감'의 마지막 원고를 정리하며 결혼반지를 생각하고 있으니 말이다. 이만하면 아내가 내게 되찾아준 자신감은 놀라운 것이 아니겠는가!

· · ·

나는 IMF 이후의 지난 10년간을 되돌아볼 여유가 생겼다. 고졸사원으로 삼성그룹에 입사하여 생산과에서 오랫동안 근무했었고, 삼성의 자동차 사업 철수로 많은 동료들이 회사를 떠나는 것도 지켜보았다. IMF 이후 지난 시간은 어떤 이에게는 인생에서 가장 큰 좌절의 시기였을 테고, 또 어떤 이에게는 인생에서 가장 큰 기회와 성공의 계기가 되었을 것이다. 누군가가 나에게 묻는다면 나는 후자에 해당하는 사람이라 말하고 싶다. 그러나 IMF 충격이 나를 강하게 만들었다기보다는 나는 그것이 '자신감' 때문이라 믿는다. 자신감은 내 자신에 대한 신앙심과도 같은 것이다. 나는 우리 주변의 많은 사람들이 좌절의 늪에서 빠져 나와 자신감을 회복할 수 있도록 도움을 주기 위해 이 글을 쓰기 시작했다. 어느 날 문득 라디오에서 들려오는 그룹 아바ABBA의 〈The Winner Takes It All〉을 들으며 승리한 자만이 갖는 에이스 카드를 생각하게 되었다.

승자의 빅 카드Big Card, 그것은 바로 '자신감'이었다. 이 글에서 모두 일곱 가지의 빅 카드를 준비했다. 7이라는 숫자가 우리에게 '행운'과 '희망'을 연상시켜 주기 때문에 더욱 애착이 갔다. 이 글을 읽는 당신의 '운명'을 자신감의 일곱 가지 빅 카드를 통해 하나씩 극복기하기 바란다. 이 글의 주인공인 멘토 장 선생과 멘티 태산은 IMF 이후 지난 10년간 정상을 향해 치달았던 나의 이야기며 당신의 이야기다.

· · ·

당신이 살아가는 인생이라는 산에서 오르다가 힘들어 중턱에 앉게 된 것은 실패한 것이 아니다. 조선시대 문인이었던 양사언이 일찍이 우리에게 들려준 시조처럼 '태산이 높다하되 하늘 아래의 뫼' 일뿐이다. 그러기에 오르다 쉬고 다시 올라가면 정상에 오를 수 있다. 오늘날과 같은 경쟁사회가 당신에게 잘못 심어준 것이 있다면 그것은 정상을 향해 앞서가는 사람들의 뒷모습만 보게 하는 '좌절의 문화' 다.

이 책에서 장 선생은 태산에게 이런 말을 들려준다.

"태산아, 항상 산을 오르다 힘들고 지칠 때면 산 아래의 아름다운 풍경을 내려다보며 자신감을 얻어야 한단다."

가끔은 쉬면서 산 아래 풍경을 보며 즐길 줄 아는 것이 진정한 산행의 행복이 아닐까 한다. 산 중턱에 서서 산 아래를 향해 크게 소리쳐 보자. 속이 후련하리만큼······. 어느새 정상을 향해 한달음에 올라갈 것 같은 자신감이 느껴지지 않는가?

이 책에서 만나게 될 장 선생과의 산행을 통해 당신의 자신감을 되찾을 수 있는 기회가 되길 바란다.

태산 손용규

이 책의 〈자극과 즐거움〉 편에 게재된 '씨호박의 치달음'을 인용하도록 허락해 주신 홍훈 님과 〈사람들 이야기〉 편에서 도움을 주신 마이클럽 회원들에게 감사의 뜻을 전합니다.

친애하는 태산에게

태산아! 네가 요즘 정상을 향해 정진하는 모습을 보면 내 마음도 즐거워진다. 정상으로 가는 길에는 생각지 못한 변수가 나타나게 마련이다. 어린 시절 어머니가 콩나물을 기르는 것을 보고 작은 성공의 이치를 하나 깨달은 적이 있다. 오늘은 너에게 콩나물 이야기를 들려주고 싶구나.

어머니는 집에서 콩나물을 기르곤 하셨다. 어머니는 콩나물을 기르기 위해서 큰 물통 위에 나무판을 놓고 그 위에다 시루를 올린 다음 짚을 깐다. 그 시루 바닥에 콩을 적당히 깐 다음 빛이 들어가지 않도록 검은 천을 덮어둔다. 이렇게 해서 콩나물 기르기 준비는 끝난다.

재미있는 건 어머니의 행동이다. 어머니는 그저 콩나물이 잘 크라고 물을 주신다. 그 물은 아래로 그냥 흘러내릴 뿐이다. 그런데 며칠 동안 아무런 반응이 없던 콩나물시루에선 작은 미동이 일면서 콩나물이 자란다.

어머니는 혹여 우리가 장난치다 빛이 들어갈까 콩나물시루를 안방에다 모셔두고 정성을 다해 기르셨다. 사실 콩나물에 물만 잘 주면 될 것 같지만 공기가 잘 통해야 하고 조금의 빛도 들어가서는 안 된다. 그렇게 콩나물을 잘 키우기 위해 어머니는 정성을 다하셨다. 정성을 먹고 자란 콩나물에 들기름을 살짝 넣고 어머니의 손맛으로 간을 낸 나물반찬을 우리는 제일 좋아했다. 그리고 힘껏 두들긴 북어포에 콩나물을 넣어 끓인 시원한 해장국은 아버지의 쓰린 속을 달래기에 충분했지. 그러기에 어머니는 이 콩나물을 애지중지 기르셨단다. 사랑하는 가족들을 위해서 말이다.

어머니의 마음과 같다면 누구에게든 인생이라는 게임에서의 승리는 그리 어렵지 않을 것이다. 어머니의 콩나물처럼 말이다. 하나의 목표를 향해 꾸준히 노력하고 성실히 이행한다면 승리하지 못할 것이 없는 이치다. 정성을 다해 콩나물을 기르는 목적이 사랑하는 가족 때문이라면 기르는 과정이 아무리 귀찮아도, 콩나물이 잘 자라지 않아도 결코 낙담하거나 도중에 그만두지 않듯 말이다. 그래서 어머니는 단 한 번의 실패도 없이 콩나물을 잘 길러내 우리에게 맛있는 음식으로 만들어 주실 수 있었지.

어떤 것이든 행복한 결과를 상상하며 목표를 향해 달리는 그 속에 자신을 한없이 믿고 의지하는 것이 중요하다. 그것이 바로 자신감이 아닐까 한다. 언제나 너의 내면에서 꿈틀대는 자신감을 끌어내 인생의 게임을 즐기려무나. 성공은 부단히 움직이는 자의 프리미엄이란다.

태산의 멘토 이내화

이내화 선생은 이 책의 주인공 태산이 잃어버린 자신감을 다시 되찾는데 도움을 준 인도자 '장 선생'의 실존 인물이다.

첫 번째 이야기

준비

인생이라는 주사위를 던지는
신들의 마음은 얼음처럼 차갑다.
그들이 정한 규칙은
승자가 모든 것을 갖도록 하는 것이다.
자신 없는 얼굴을 한 사람에게
운명의 신은 결코 좋은 패를 주지 않는다.
승자가 모든 것을 갖는다.
그것이 누구나 복종해야 하는
인생이란 게임의 법칙이다.

태산은 신경질적으로 라디오 채널을 이리저리 돌리며 주파수를 맞췄다. 한 유명 DJ가 진행하는 한낮의 음악 감상 프로그램에 마음이 닿았는지 태산은 분주하게 놀리던 한 손을 그제야 운전대 위에 올려놓았다.

"젠장!"

액셀을 밟으며 태산은 자신도 모르게 욕설을 내뱉었다. 태산은 조금 전 서울을 빠져나와 지금은 연수원으로 향하는 국도변을 달리고 있었다. 화창한 날씨에 도로변에는 아카시아 꽃들이 만개했지만 오늘따라 신경이 곤두서 있는 탓에 태산은 주변 풍경을 감상할 기분이 아니었다. 땀이 나는지 운전대를 잡은 손바닥이 끈적끈적하게 느껴져 불쾌감마저 들었다. 라디오에서는 익숙한 팝송이 흘러나왔지만 태산의 귀에는 잘 들리지 않았다.

I don't wanna talk about the things
we've gone through~.

학창시절 태산이 열광적으로 좋아했던 아바ABBA의 〈The Winner Takes It All〉이란 노래였다. 보통 때라면 콧소리를 흥얼거리며 목적지까지 가는 길이 한결 가벼웠을 것이다. 하지만 태산은 오전에 지점장에게 당한 일이 자꾸만 머릿속을 맴돌았다.

"지금 저더러 판매 부진자 교육을 받으라는 말입니까?"

"난들 보내고 싶어서 보내는 줄 아나? 회사 방침인데 그럼 어떡해?"

"전 이해가 되지 않습니다. 나름대로 열심히 하는데 경기가 좋지 않아 판매가 부진한 걸 어쩝니까? 그게 제 탓입니까? 판매 부진자들만 따로 모아서 교육을 한다니⋯⋯. 실적이 안 좋기는 다른 사람들도 마찬가진데 왜 저만 가라는 겁니까?"

"아니, 이 사람이? 직장생활 할 만큼 한 사람이 이런 일 하나 이해 못하다니⋯⋯. 오히려 내가 더 섭섭하네."

아침부터 태산은 지점장과 언성을 높여가며 승강이를 벌였다. 분기 실적이 좋지 않아 회사에서 특단의 조치를 취한다고 내놓은 방안이 판매 실적이 부진한 각 지점 사원들을 따로 모아 교육을 시키는 것이었다. 그런데 하필 지점장이 태산을 교육 대상자로 지목한 것이다.

태산은 그 동안 쌓였던 불만이 한꺼번에 폭발했다.

"억울하고 자존심 상해서 못가겠습니다."

지점장실을 박차고 나온 태산은 휴게실에 앉아 담배 한 모금을 들이마셨다. 한참 동안을 담배 연기와 씨름하던 태산은 지금이 순간 다른 대안이 없다는 것을 깨달았다. 결국 집에 들러 합숙에 필요한 세면도구며 여벌의 옷을 배낭에 주어 담아 나선 길이었다.

I apologize if it makes you feel bad seeing me so tense
no self-confidence~. The winner takes it all~.

노래가 거의 끝나갈 무렵에야 태산은 라디오에서 흘러나오는 익숙한 멜로디를 인식할 수 있었다. 가만히 가사를 곱씹어 보니 자신의 처지를 비웃는 것 같았다.

"그래, 억울하면 승자가 돼야겠지. 하지만 나도 잘나가던 시절이 있었다고. 우리나라 최고의 대기업에서 아침이면 동료들이 저 꽃들처럼 밝게 웃으며 나를 맞아주던 그런 때가 말이야……."

태산은 남강그룹에서 남부럽지 않게 승승장구하며 성공가도를 달리던 지난날을 떠올렸다. 그때는 승자의 입장에서 이 노래를 들으며 얼마나 뿌듯했던가. 하지만 지금은 입장이 바뀌어 패자라는 생각을 하니 가슴이 시렸다.

사는 게 고달프고 힘들 때면 항상 아버지의 얼굴이 떠오른다.

아버지…….

태산은 그 이름만 떠올려도 가슴이 찡하다. 아버지는 친구처럼 다정다감한 분이었다. 태산에게는 오랜 후원자이기도 했다. 태산이 대학에 다니던 시절 아버지는 대기업 임원 승진을 마다하고 사업을 시작했다. 태산은 걱정 반, 기대 반으로 아버지의 사업이 잘 되기를 바랐다. 다행히 아버지의 사업은 번창했다. 태산 또한 대학을 졸업하고 모두가 선망하는 남강그룹에 입사했다.

그러던 어느 날 아버지가 태산을 보러 회사로 찾아왔다. 포장마차에서 아버지는 태산에게 소주를 권하며 말을 꺼냈다.

"태산아. 너 아버지 일 좀 도와주면 안 되겠니? 든든한 우리 아들과 함께 일했으면 좋겠다."

아버지의 말에 태산은 이미 예상하고 있었다는 듯 대답했다.

"아버지도 참……. 당분간은 제가 하고 싶은 일을 하면서 살고 싶어요. 아버지 사업은 좀더 경험이 쌓인 뒤에 생각해 볼게요."

"녀석. 그런 말 할 줄 알았다. 그런데 태산아, 인생이란 경기에서 항상 승리할 수 있는 것은 아니란다."

"아버지, 전 지금 이대로가 좋아요. 좋은 회사에서 때 되면 월급 나오지, 남들이 알아주지 아쉬울 게 뭐가 있겠어요."

"하지만 태산아, 지금은 잘나가는 선수라도 언젠가는 후보 선수가 될 날이 온다는 걸 명심해라."

결과를 놓고 보면 그때 포장마차에서 아버지의 제안을 받아들여 조금 일찍 사업을 이어 받았더라면 분명 지금보다는 나았을 것이다.

아버지는 3년 전, 먼 길을 떠나셨다. 아버지가 췌장암 말기라는 소식을 접했을 때 태산은 마치 자신에게 사형선고가 떨어진 것처럼 가슴이 철렁 내려앉았다. 임종을 앞두고 아버지는 태산의 손을 잡으며 말했다.

"태산아, 네가 그렇게도 자부심을 느끼는 남강그룹에서 사장이 됐다는 소식을 못 듣고 먼저 간다. 그게 아쉽구나."

"아버지, 사장은 아무나 하나요. 제가 사장이 되는 걸 보고 싶으면 오래 오래 살다 가셔야죠."

"태산아, 아버지가 마지막으로 부탁 하나 할 테니 꼭 들어줘야 한다. 김 전무한테 월급 많이 주라고 할 테니 네가 우리 회사를 맡아줬으면 좋겠다. 젊음을 다 바쳐 일군 회사라서 너무 아쉽구나."

"알겠습니다. 아버지……. 김 전무님한테 경영에 대한 전반적인 이야기는 들었습니다. 남강그룹에서 사장이 되려면 한 20년은 기다려야 할 텐데 아버지 덕분에 일찌감치 사장이 되는군요. 열심히 할 테니 너무 걱정하지 마세요."

그러나 사업은 샐러리맨 생활과는 여러모로 달랐다. 준비도 없이 갑자기 사장이 된 태산은 얼마 지나지 않아 경영 능력의 한계를 드러냈다. 몇 건의 중요한 비즈니스에서 태산은 연거푸 잘못된 판단을 내렸다. 대기업에서 잘나가던 자신의 능력만 믿고 김 전무의 조언을 귀담아 듣지 않은 탓이었다.

지나친 자신감과 독단이 빚은 태산의 실책은 곧 회사의 적자로 나타났다. 회사가 잘될 때는 몰랐지만 한번 자금 사정이 나빠지니 여기저기서 악재가 터졌다. 태산은 뒤늦게 자신의 실수를 깨달았지만 위기를 수습할 만한 능력이 없었다. 결국 태산이 사장으로 취임한지 1년 만에 회사는 문을 닫았다. 그나마 김 전무의 도움으로 다시 회사생활을 할 수 있었지만 IMF의 한파는 다시 태산을 벼랑 끝으로 몰아냈다.

이 모든 일들은 너무나도 갑작스럽게 일어났다. 서른 네 살의 태산에게는 감당하기 어려운 급격한 몰락이었다. 태산은 자신이 마치 사각의 링에 쓰러져 심판이 마지막 '10' 이라는 숫자를 빨리 불러주기만 기다리는 패자처럼 느껴졌다. 태산은 임종을 앞둔 아버지의 모습이 떠올랐다. 침대에 누워 자신의 힘으로 무엇 하나 바로잡을 수 없었던 아버지의 절망감이 무엇인지 태산은 이제야 알 것 같았다. 돌아가신 아버지의 바람을 이루지 못했다는 생각에 태산은 죄책감을 느꼈다.

'내가 바로잡을 수 있는 유일한 것은 이 운전대뿐이구나.'

연수원으로 향하는 아카시아 꽃길은 태산의 가슴을 더욱 시리게 했다. 아름다움이 클수록 자신은 더욱 나약해질 뿐이라는 생각이 담배 연기처럼 자욱하게 그의 머릿속을 지배했다.

'어쩌다 나는 여기까지 왔을까? 이제 일어설 힘조차 없다. 아버지……, 아버지만 살아계셨더라면…….'

주차장에 차를 대고 강의실이 있는 본관 건물로 발걸음을 옮기며 태산은 새삼 아버지의 빈자리를 뼈저리게 느꼈다. 이 연수원은 태산이 세일즈 교육을 받으러 입사 초기에 왔던 곳이다. 102호 강의실에 도착하자 벽 위에 걸려 있는 큰 현수막이 눈에 들어왔다.

'환영! 우리는 해낼 수 있다 – 비전주식회사'

강의실에는 전국에서 모인 비전주식회사 세일즈맨 30여 명이 자리에 앉아 있었다. 본사 영업 담당 임원의 환영사에 이어 교육 담당자의 일정 안내가 끝나자 점심시간이 되었다. 태산의 앞자리에 앉은 30대 후반의 교육생이 태산에게 말을 건넸다.

"요즘 바빠서 자리에 앉아 있을 틈도 없는데 무슨 교육입니까? 차라리 이 시간에 나가서 상품을 팔라고 하지 말예요."

태산이 맞장구를 치며 말했다.

"그러게 말입니다. 판매가 부진하면 나가서 더 열심히 일하도록 시간을 주든가 해야지, 이게 뭡니까? 바쁜 사람 모아놓고서……."

그때 다른 한 사람이 옆자리에서 일어서며 끼어들었다.

"아니 그렇게 바쁘신 분들이면 제품을 꽤나 많이 판매했을 텐데 이 교육에는 왜 참가하셨나요? 여긴 판매 부진자 교육이 아닌가요?"

태산이 그 사람을 흘낏 쳐다보았다. 머리카락이 군데군데 희끗희끗한 것이 50살은 족히 되어 보이는 노신사였다. 듣기에 따라선 태산과 30대 후반의 교육생에게 면박을 주는 듯한 말이었지만 자조 섞인 한탄이 짙게 배어 있어 그런지 기분이 나쁘지는 않았다. 아마도 동병상련의 처지라서 그럴 것이다.

"저도 그런 생각을 하며 여기 왔어요. 하지만 판매 부진자라는 생각에 마음이 불편해서 어디 교육을 받고 싶은 마음이 나야 말이죠."

지점장이 한마디 상의 없이 교육대상자 명단에 자신의 이름을 올린 데 대해 태산은 못내 기분이 상했다. 그런 마음은 2박 3일 간의 교육기간 내내 태산의 마음을 흔들어 놓았다. 그나마 무기력하고 의미 없는 일상에서 벗어나 오랜만의 휴식쯤으로 생각하는 것이 태산에게는 위안이 될 터였다.

금요일 오전 11시가 되자 2박 3일간의 모든 교육이 끝났다. 태산이 홀가분한 마음으로 연수원의 들녘을 쳐다봤다. 한참동안 심호흡을 하며 들녘을 보고 있노라니 고향 생각이 났다.

'어린 시절 저 들녘에서 아버지와 함께 메뚜기를 잡곤 했었는데……. 그래, 기왕 이곳까지 왔으니 저기 산 너머에 있는 고향에 잠시 다녀와야겠다.'

태산은 연수원을 나와 고향으로 차를 돌렸다. 연수원과의 거리는 불과 20여 분. 아버지가 고이 잠들어 계신 곳이기도 하다. 태산은 지점장에게 전화를 걸었다.

"지점장님. 교육 끝내고 돌아가는 길입니다."

지점장이 겸연쩍은 목소리로 태산에게 위로하듯 말을 건넸다.

"수고 많았어. 한 3일 교육 받으니까 도움이 됐지? 월요일부터는 다시 파이팅 하고 외치는 거야."

"교육 3일 받는다고 달라질 게 뭐 있나요? 아무튼 월요일에 뵙겠습니다. 아, 그리고 제 고향이 마침 연수원하고 가까운 곳에 있는데요. 아버지 산소에도 가볼 겸 고향에 좀 들렀다 오겠습니다."

태산의 목소리는 꽤나 불퉁스러웠지만 지점장은 태산을 연수원에 보낸 게 마음에 걸렸는지 이런저런 위로의 말을 늘어놓으며 푹 쉬다 오라고 했다.

고향 마을 어귀에 들어서자 마을의 수호신으로 불리는 400년 된 소나무가 예전과 다름없이 태산을 맞이했다. 그 소나무 뒤편에는 앞산이라 불리는 제법 큰 산이 있다. 어릴 적부터 태산은 세상에서 가장 높은 산이 앞산이라 생각했다. 그만큼 어린 태산에게 앞산은 높고 큰 산이었다. 때론 그 웅장함에 주눅이 들기도 했을 정도다. 하지만 성인이 된 태산의 눈에 앞산은 예전의 위용을 잃어버린 은퇴한 노장군처럼 비춰졌다.

마을은 많이 변해 있었다. 유기농 농산물 사업이 호황을 누리면서 마을은 예전의 시골이 아닌 전원도시 같은 부유함마저 느껴졌다. 태산은 초등학교 옆에 자리 잡은 마을도서관으로 향했다. 마을도서관에는 아버지의 친구인 장 선생이 계신다. 살아계신 아버지를 뵙는 것 같아 늘 의지가 되고 힘이 되는 분이다. 장 선생은 대학교수를 지내다 은퇴한 뒤 고향으로 내려와 마을도서관을 지었다. 아버지가 임종하기 전, 장 선생에게 태산의 좋은 스승이 되어달라고 부탁했다는 말을 김 전무에게 들은 적이 있지만 그동안 태산은 장 선생을 찾아뵙지 못했다.

마을도서관에 들어서자 오래지 않아 두꺼운 돋보기안경을 쓴 채 책을 읽고 있는 장 선생의 모습이 보였다.

"아저씨, 안녕하세요? 여전하시네요."

장 선생은 뜻밖의 방문에 깜짝 놀란 듯 했지만 이내 반갑게 태산을 품에 안았다.

"이게 누구냐? 태산이구나. 그동안 어떻게 지냈니? 아버지 회사가 부도로 문을 닫았다는 소식은 들었는데 연락처고 뭐고 너와 닿을 수 있는 길이 하나도 없더구나."

"죄송해요. 그때는 그럴 수밖에 없었어요. 4년 만에 뵙는데도 항상 그대로이신 것 같아요."

장 선생은 예전과 다름없이 멋진 수염을 기르고 있었다. 대학 교수 시절 '털보 아저씨' 라는 별명으로 통할 만큼 장 선생은 푸근한 성품으로 학생들에게 인기가 높았다. 태산은 오랜만에 아버지의 품을 느낄 수 있었다. 아버지가 살아계셨다면 이런 가슴을 하고 있을 것이다.

한여름이 성큼 다가왔는지 날씨는 더웠다. 점심시간이 되자 그늘진 나무 아래 툇마루에서 태산은 장 선생이 차린 상추쌈과 보리밥을 먹었다. 태산은 지난 4년 동안 자신에게 있었던 일들을 장 선생에게 하나씩 이야기했다.

"저런, 네가 요즘 많이 힘든가 보구나."

장 선생은 혀를 차며 걱정 어린 눈으로 태산을 바라보았다.

"워낙 되는 일이 없다 보니 지금은 무슨 일에든 자신이 없어요. 그래도 예전에는 자신감 하나는 누구에게도 지지 않았는데 말예요."

장 선생은 인자한 눈길로 상추쌈을 먹고 있는 태산을 쳐다보며 물었다.

"태산아, 한 번도 오르지 않은 산을 정복하려면 어떤 방법이 있겠느냐?"

"그야 우선 등산 장비나 지도, 나침반이 있어야겠지요."

장 선생은 앞산을 가리키며 말했다.

"넌 어린 시절부터 저기 앞산을 두려워했지. 네 아버지 어깨에 목마를 타고 산에 올라가던 네 모습이 떠오르는구나. 생각해 보렴. 네가 저 앞산을 웃으며 무사히 다녀올 수 있었던 것은 네 아버지의 도움 때문이 아니었을까?"

"아저씨가 무슨 말씀을 하려는지 알 것 같습니다. 이제 아버지도 안 계시니 제 힘으로 산에 올라야겠지요."

"녀석, 네 아비를 닮아서 척하면 척이구나. 이제 일어나렴. 말

이 나온 김에 배도 부른데 저 앞산 기슭까지 산책이나 다녀오자.”

　태산은 장 선생과 대화를 나누며 실로 오랫동안 가슴 속 깊이 감춰두었던 추억이 되살아나는 것을 느낄 수 있었다. 어린 시절 앞산 꼭대기에 있는 대왕바위에 올라 아버지와 함께 먼 지평선을 바라보며 소리쳤던 메아리가 다시 들려오는 듯했다. 그리고 마음 한켠에서 태산에게 들려오는 또 하나의 메아리가 있었다.

　‘그래, 나는 참으로 오랫동안 크게 소리쳐 본 일이 없었구나…….’

앞산 기슭에 다다르자 원두막이 하나 있었다. 장 선생과 태산은 원두막에 앉아 잠시 동안 말없이 마을을 내려다보았다. 태산은 갑자기 지점장이 생각났다.

"아저씨, 며칠 전에 지점장과 크게 말다툼을 했습니다. 마을을 보고 있는데 왠지 그 생각이 가장 먼저 나네요. 앞으로 어떻게 해야 할지 모르겠어요. 모아둔 돈도 없고 지금 하는 일을 잘하는 것 같지도 않고⋯⋯. 그동안 너무 많은 실패를 반복했어요. 이제 무슨 일이든 시작하려면 겁부터 납니다."

장 선생이 물었다.

"태산아, 산을 오르다 힘들어서 멈추면 그게 실패한 것이냐?"

태산이 머리를 긁적이며 대답했다.

"글쎄요⋯⋯. 정상이 너무 멀리 있으니 실패한 것이나 다름없지 않을까요?"

"실패는 포기하고 산을 내려오는 것이지 힘들어서 멈추는 것이 아니란다. 너는 지금 잠시 멈춰 서서 숨을 고르고 있는 거야. 중요한 것은 정상에 도달하는 것이지 남들보다 조금 늦게 간다고 해서 조급해 할 필요는 없단다."

태산이 물었다.

"그렇다면 어떻게 해야 힘을 내서 다시 정상에 오를 수 있을까요?"

"등산을 하다가 힘들 때 넌 어떻게 하느냐? 산 중턱에서 잠시 쉬면서 '야호' 하고 소리라도 치면 기분이 한결 낫지 않든? 지금 네게 가장 필요한 것은 정상에 오르려는 굳은 의지가 아니라 산 중턱에서 아래를 내려다보며 크게 소리칠 수 있는 자신감이다."

태산은 장 선생의 이야기에 조금은 위안이 되었다. 하지만 태산은 나약해진 자신을 온전히 믿을 수 없었다. 태산이 한숨을 쉬며 말했다.

"이미 산 중턱까지 와 있더라도 다음 깊은 골짜기를 만나면 저는 다시 좌절하고 말 거예요."

"너 혹시 2003년 대구유니버시아드 경기에 참가한 나이지리아 축구대표팀 이야기를 아니?"

장 선생이 축구 이야기를 꺼내자 태산은 의아해하며 물었다.

"축구요? 아저씨도 축구 좋아하세요?"

"나이지리아 축구대표팀은 올림픽에서 금메달까지 딴 아프리카 축구의 맹주지. 그런데 2003년 대구유니버시아드 경기에 참가한 나이지리아 축구대표팀이 예선 네 경기를 치루는 동안 어처구니없는 해프닝이 벌어졌단다."

태산은 호기심이 발동해 장 선생의 이야기에 귀를 기울였다.

"1차전은 일본 대표팀과의 시합이 예정되어 있었지. 나이지리아 대표팀은 경기 전날 홍콩공항에 도착했지만 정작 경기 당일에는 경기장에 나타나지 않았어. 그 이유는 홍콩공항에서 한국으로 오는 비행기표를 구하지 못했기 때문이지. 결국 지각 입국을 하는 바람에 일본에게 실격패를 당하고 말았단다. 일본은 시합도 하지 않은 채 1승을 거머쥐는 행운을 잡은 셈이지."

"나이지리아 하면 축구 강국인데 그런 재미있는 일이 있었군요."

태산이 흥미를 느끼자 장 선생도 흥이 나는지 이야기를 계속했다.

"2차전은 아일랜드와 시합을 하기로 되어 있었는데 어찌된 영문인지 이번에는 경기 시간을 앞두고 유니폼을 찾을 수가 없었단다. 결국 2차전은 유니폼을 분실해서 실격패를 당했지. 3차전은 더욱 황당한 사건이 벌어졌다. 남아공과 격돌해 승부차기 끝에 4:3으로 상대를 제압할 때만 해도 나이지리아 대표팀의 불운은 끝나는 듯했지. 이쯤 되면 나이지리아 선수들은 얼싸안으며 눈물을 흘려야 마땅했을 거야. 왜냐하면 3차전은 비행기표와 유니폼 사건에 대한 아쉬움을 털어내는 극적인 승리였기 때문이지. 특히나 3차전은 마지막 4차전을 앞두고 8강에 합류하기 위해선 반드시 잡아야 하는 경기였거든. 하지만 예선 경기에는 승부차기가 없다는 사실을 까마득하게 잊고 있던 심판의 오심으로 인해 3차전이 무승부로 끝나는 국제 축구 경기 사상 초유의 해프닝이 벌어졌단다."

"하하하. 정말 우습네요. 무슨 축구선수들이 그래요? 동네 조기 축구도 아니고……."

"4차전은 우루과이와 시합을 했지만 두 명의 후보 선수가 나이 제한에 걸려 뛰지 못하고 결국 우루과이에게 2:0으로 패했단다. 다음날 조간신문에는 '못 말리는 나이지리아 축구대표팀'이라는 헤드라인을 장식한 기사가 실렸지."

장 선생은 나이지리아 축구대표팀에 얽힌 이야기를 재미있게 들려주었다. 태산은 실감이 나지 않는 듯 말했다.

"어떻게 그런 어처구니없는 일이 벌어졌을까요?"

장 선생은 태산의 얼굴을 응시하며 물었다.

"나이지리아 축구대표팀이 실력이 없어 탈락했을까? 그렇지 않다면 무엇이 문제였을까? 넌 그들의 실패 원인을 뭐라고 생각하느냐?"

태산은 잠시 생각해 보다가 이내 자신 있게 대답했다.

"준비요!"

"그래, 정확하게 맞췄다. 준비를 하지 않는다면 다음 경기를 할 수 없단다. 설령 경기를 한다고 하더라도 준비가 되어 있지 않은 팀이 승리하기는 어렵지. 경기를 하는 선수의 자신감은 철저한 준비에서 비롯되는 것이란다."

태산은 '준비'라는 단어를 마음에 새겼다.

아버지가 세상을 떠난 후 태산은 아버지의 빈자리를 메우고 회사를 이끌어 가는데 별다른 두려움이 없었다. 지난 몇 년간 남강그룹에서의 경험이 충분한 자산이 될 것이라 확신했기 때문이다. 그러나 '준비'라는 단어를 떠올리는 순간, 태산은 그동안의 계속된 실패와 좌절이 바로 준비와 연관되어 있음을 깨달을 수 있었다.

장 선생의 이야기는 계속되었다.

"나이지리아 대표팀은 우승할 수 있는 충분한 실력이 있었음에도 준비 부족으로 경기를 망쳤다. 태산아, 정상에 오르겠다고 마음먹은 사람이라면 다음 경기를 위해 얼마나 준비하면서 살고 있는지 늘 자문해 보아야 한단다."

그랬다. 태산은 충분히 아버지의 회사를 이끌어갈 수 있는 능력이 있었음에도 준비 없는 막연한 자신감에 빠져 일을 그르친 것이다. 태산은 마음속으로 중얼거렸다.

'준비 없는 자신감이 포기를 부르는 것이다.'

태산은 지난 4년간 얼마나 많은 시행착오를 겪었는지 생각해보았다. 잠시 상념에 잠겨 있던 태산을 장 선생이 부드러운 목소리로 일깨웠다.

"태산아, 세상에는 두 종류의 사람이 존재한단다. 첫 번째는 준비하는 자, 두 번째는 준비하지 않는 자. 준비하지 않는 자는 결국 준비하는 자의 종이 되고 만다."

태산은 자신의 깨달음을 확인하려는 듯 물었다.

"준비가 자신감의 원천이 된다는 말씀 말인데요. 그럼 제가 살아가면서 차츰 자신감을 잃었던 것도 준비와 관련이 있겠네요?"

태산의 질문에 장 선생이 되물었다.

"너는 이전에 남강그룹에 입사하기 위해 몇 년을 준비했다고 생각하느냐?"

"글쎄요. 대학 4년 중에 마지막 1년 정도 취업 준비를 한 것 같아요. 당시에는 대졸자가 요즘처럼 많지 않았죠. 취업 준비라고 할 것도 없이 대기업에서 줄서서 명문대 졸업자들을 모셔가던 시절이었으니까요."

장 선생이 정색을 하며 지적했다.

"바로 그런 생각이 잘못된 것이란다. 네가 남강그룹에 입사한 나이가 스물여섯이었으니 26년간을 준비해서 그곳에 입사한 거란다."

태산은 의아한 표정으로 장 선생을 바라보았다.

"26년을 준비해서 남강그룹에 입사를 했다……?"

장 선생은 태산에게 준비에 대한 구체적인 이야기를 꺼내기 시작했다.

"나이지리아 축구대표팀의 사례를 네 인생에 대입해 보렴. 만일 그들의 경기가 '네 인생의 축구 경기'라면 어떤 결과가 나왔을지 생각해 보거라."

"아저씨, 어찌 보면 축구 경기 내용과 사람이 살아가면서 준비해야 할 것들이 매우 비슷하네요."

"내가 경영학 교수였지만 오늘은 네 앞에서 성공학 교수로 강의를 하는 것 같구나."

장 선생은 영리한 제자를 바라보는 교수의 흐뭇한 얼굴로 돌아가 있었다.

"제가 오늘 고향에 잘 온 것 같습니다. 앞산 입구에서 이렇게 아저씨한테 인생수업도 듣게 되고."

"내가 조금 전에 준비는 자신감의 원천이 된다고 했지? 나이지리아 축구대표팀 이야기는 네가 앞으로 살아가는데 많은 교훈이 될 것이다. 대구 월드컵 경기장에서 있었던 첫 번째 시합을 기억하느냐?"

"네, 비행기표를 미리 예매하지 않아서 지각을 하고 말았죠."

"그래, 잘 기억하고 있구나. 무슨 일이든 사전에 그 일에 대한 준비로부터 자신감이 시작되는 것이란다. 곰곰이 생각해 보거라. 지난 4년간 너의 시련은 무엇 때문이었는지."

"아버지의 갑작스런 죽음, IMF 한파와 같이 예기치 못한 일들로 인해서 준비할 시간이 없었습니다. 아저씨 말씀처럼 예매 없이 무작정 출발한 것이나 다름없네요."

"나이지리아 축구선수들도 마찬가지란다. 비행기표를 예매하지 않은 실수로 인해 결국 시합에 뛸 수조차 없는 좌절을 맛보았던 것이지. 그들이 시합에서 실패한 이유는 실력이 아니라 준비에 있었던 거야. 너의 좌절도 똑같다고 생각하지 않느냐?"

태산은 고개를 끄덕이며 인정했다.

"그럼, 두 번째 유니폼 분실 사건은 저와 무슨 상관이 있나요?"

장 선생이 대답했다.

"네 말처럼 유니폼이 없으면 시합에 뛸 수가 없다. 사회도 직장도 각자의 유니폼을 요구한단다. 너는 다른 사람에게 어떤 유니폼을 입고 뛰는 선수처럼 보일 것 같으냐?"

"글쎄요……. 지금은 평범한 세일즈맨이라는 유니폼을 입고 있습니다만."

장 선생은 단호하게 말했다.

"남에게 보여줄 수 있는 자신만의 유니폼을 입거라. 그래야 '직업'이란 경기장에서 뛸 수 있단다. 그렇지 않다면 경기에 뛰어보기도 전에 좌절감만 맛보고 말거야."

"아저씨 말씀을 듣고 보니 저는 유니폼을 잃어버린 축구선수처럼 경기장에 서서 내내 좌절만 하고 있었군요."

장 선생은 고개를 끄덕이며 이야기를 계속했다.

"세 번째 교훈은 부실한 심판을 믿으면 열심히 뛰어보았자 남는 것이 없다는 것이다. 네 자신의 인생에서 심판관이 되어줄 수 있는 훌륭한 사람들을 찾아다녀야 한다는 말이다. 그렇지 않다면 인생은 헛발질만 하는 꼴이 되고 말 것이야."

태산은 장 선생의 이야기를 들으며 크게 깨닫는 것이 있었다. 그동안 승승장구할 때는 회사라는 울타리에 안주하려 들었고 일이 풀리지 않을 때는 원망만 일삼았던 자신이 부끄러웠다.

"아저씨가 제 스승이 되어주세요."

태산이 장 선생의 손을 붙잡으며 간절히 부탁했다.

"그래, 네 아버지가 임종하던 날 나에게 그렇게 부탁했었지. 친구의 부탁을 이제라도 실천할 수 있게 되어 나도 고마운 일이 구나."

태산은 얽힌 실타래를 풀어줄 구원자를 만난 사람처럼 간절한 눈빛으로 장 선생을 바라보았다. 두 사람은 손을 맞잡고 툇마루에 앉아 앞산 기슭의 평화로운 풍경을 공유했다. 얼마간의 시간이 흐른 뒤 태산이 뭔가 생각해낸 듯 입을 뗐다.

"아저씨, 그럼 마지막 경기가 주는 교훈은 뭔가요?"

장 선생은 빙긋 웃으며 말했다.

"나이지리아 대표팀이 우루과이에 패한 네 번째 경기의 교훈은 좀더 먼 미래에 대한 준비를 의미한단다. 누구나 언젠가는 나이 때문에 경기장에서 퇴출당하는 일이 생긴다. 그러나 이것도 역시 준비를 해두면 충분히 극복할 수 있는 일이란다. 그러니 너도 나이에 상관없이 할 수 있는 네 인생의 경기가 무엇인지 생각하면서 미리 준비를 해야 한다."

"그럼 아저씨도 은퇴하셨으니 퇴장당하신 것 아닌가요?"

태산의 당돌한 질문에 장 선생은 웃으며 고개를 가로저었다.

"천만에. 나는 지금 새로운 경기장에서 뛰는 선수란다. 저기

학교 옆의 도서관이 보이지? 저기가 내가 오랫동안 준비해 왔던 미래의 경기장이란다. 물론 은퇴한 지금은 현재의 경기장이 되었지만 말이다."

태산은 장 선생이 고향에서 소일거리나 하면서 그럭저럭 세월을 보내고 있는 줄 알았다. 그러나 장 선생은 사전에 철저한 준비를 해둔 덕분에 은퇴 후에도 자신이 원하는 제 2의 인생을 살고 있었던 것이다. 남들이 보기엔 작은 마을도서관 하나 짓는 일인지 몰라도 장 선생은 그 꿈을 이루기 위해 얼마나 오랜 세월을 두

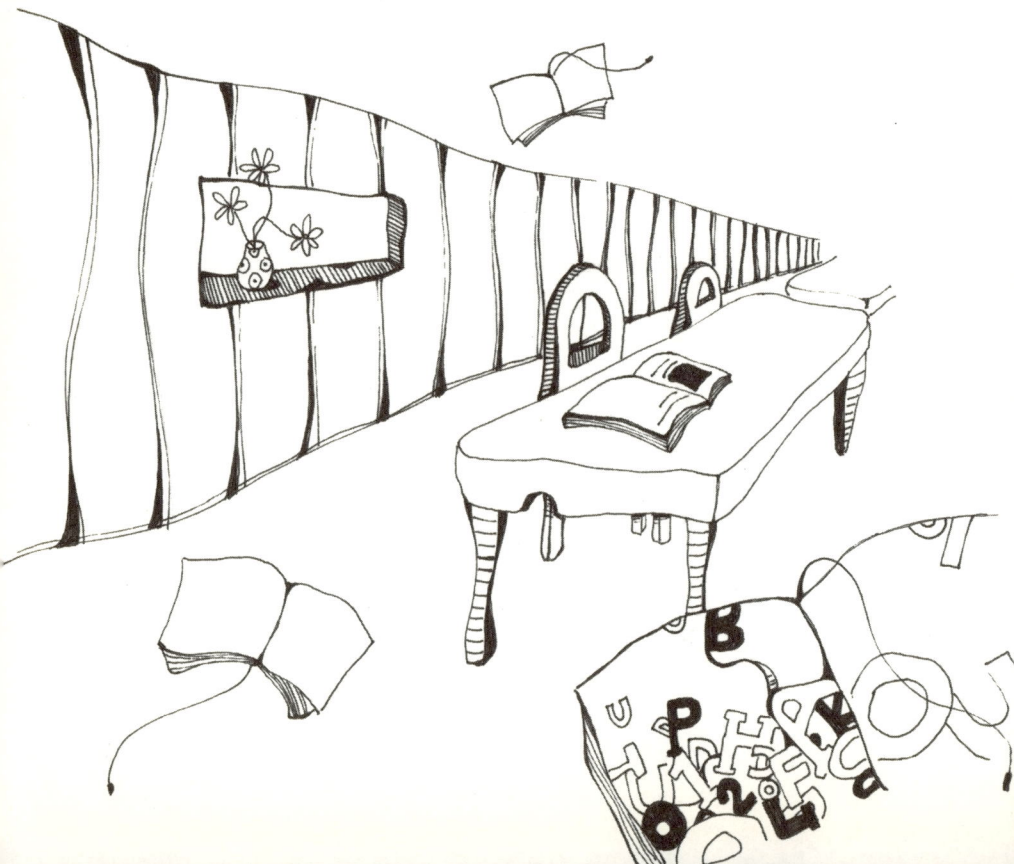

고 준비를 해왔겠는가.

"태산아, 락커룸을 빠져나와 경기장으로 들어가는 박지성 선수의 얼굴을 한 번이라도 본적이 있느냐? 보통 선수들의 경우 중요한 경기에서는 얼굴이 굳어지게 마련이지만 박 선수의 얼굴에서는 전혀 긴장한 빛이 보이지 않더구나. 얼굴만 봐도 자신감이 느껴지지. 그것이 무엇을 의미한다고 생각하느냐? 자신감은 준비된 자들만이 가질 수 있는 유일한 특권이란다."

"아저씨 말씀을 듣고 나니 무슨 일에든 준비만 잘 한다면 자신감이 생길 것 같아요. 저도 이제 무얼 준비해야 하는지를 고민해야겠군요."

"이번 주 일요일까지 여기 있을 거라고 했지? 그래, 함께 너의 자신감을 회복할 수 있는 것들에 대해 생각해 보자꾸나. 그래야 나도 네 아버지와의 약속을 조금이나마 지킬 수 있을 것 같아 마음이 홀가분하겠다."

장 선생은 일어나 태산의 손을 잡고 함께 앞산 나무숲으로 걸어갔다. 하늘을 덮은 잣나무들, 그리고 여기저시 뛰어다니는 청설모……. 시간은 흘렀지만 앞산의 잣나무 숲길은 어린 시절이나 지금이나 변한 것이 없었다.

♠ 자신감 카드 1

인생이라는 경기에서
항상 승리할 수 있는 것은 아니다.
언제 후보 선수가
될지 모른다는 사실을 명심하라.

두 번째 이야기

상상

현재의 자신감은 미래의 꿈을 실현하는 밑거름이다.
하늘을 날고 싶다는 상상이 비행기를 만들고
달나라에 대한 호기심이 결국 달 착륙의 기적을 만들지 않았는가.
더 많은 사람들이 무언가를 상상할수록
꿈이 실현되는 날은 앞당겨질 것이다.

어린 시절 태산은 앞산을 한 번도 혼자서 올라본 적이 없다. 앞산을 오를 때는 늘 아버지와 함께였다. 아버지는 틈만 나면 태산을 데리고 앞산에 오르길 좋아했다.

"태산아, 앞산 가자."

아버지에게 이끌려 앞산을 오를 때마다 어린 태산의 마음은 죽기보다 싫었지만 의연하게 내색하지 않았다. 어린 마음에도 태산은 아버지의 유쾌한 기분을 깨뜨리고 싶지 않았던 모양이다.

태산에게 기억되는 아버지의 모습은 빨간 등산 양말 속 깊숙이 넣은 등산용 바지차림에 그리 길지 않은 챙의 귀마개가 있는 회색 모자를 쓴 가슴이 넓은 중년의 아저씨였다.

태산의 아버지는 젊은 시절 히말라야 원정대에 참여했을 정도로 무척이나 산을 좋아했다. 그래서인지 쉬는 날이면 종종 아들과 함께 앞산을 오르곤 했다. 비록 동네에 있는 조그만 산일지언정 사랑하는 어린 아들과 자신이 좋아하는 것을 나누고 교감한다는 마음에 아버지는 아주 행복해했다. 아마도 아버지는 높은 산을 정복했던 통쾌함 이상을 느꼈으리라.

태산은 20여 년 전 거닐던 잣나무 숲길을 따라 걸음을 옮기며 만감이 교차했다. 아버지와 어린 아들이 마음을 나누던 앞산을 다시 오르려니 태산은 마음 한켠이 찡했다. 단지 아버지를 기쁘게 해드리려고 산행에 따라나섰던 어린 아들이 떠오른다. 기왕이면 즐거운 마음으로 이 산을 올랐다면 더 좋았을 것을…….

한참을 그렇게 상념에 빠져 걷는데 잣나무 속 고요함을 깨고 장 선생이 말을 건넨다.

"회사가 부도나고 지금의 세일즈맨이 되기 전에는 무슨 일을 했었지?"

"아버지 회사 이사님의 소개로 전자부품 회사에 자재 담당 대리로 근무했습니다."

장 선생은 의아한 눈으로 태산을 보며 다시 묻는다.

"그럼, 그 일이 적성에 맞지 않았나 보구나. 세일즈맨이 된 걸 보니……."

태산은 고개를 가로저었다.

"아니에요. 그런 게 아니고……, IMF 때문에 회사가 문을 닫게 되었어요."

들릴 듯 말 듯 긴 한숨 소리와 함께 태산은 IMF가 한국에 찾아온 이듬해 어느 봄날을 회상했다.

"여러분 죄송합니다. 회사가 문을 닫을 수밖에 없습니다."

전 직원들을 모아 놓고 사장은 눈물을 흘리며 마지막 한 사람까지 자신이 책임을 지고 물러나겠다고 했다. 예상은 했지만 설마 했던 일이 눈앞에서 일어나자 동료들은 술렁거리며 동요하는 마음을 진정시키지 못했다.

"아니, 지금까지 이 사업을 위해 우리가 얼마나 고생을 했느냐 말이야? 이제 와서 사업을 철수하겠다고? 난 억울해서 못 참겠어."

금세라도 눈물이 쏟아질 것 같은 어느 동료의 말이 가라앉은 사무실 분위기를 깨부수며 모두의 가슴에 불을 질렀다. 잠시 후 약속이라도 한 듯 건물 외벽 창문마다 '생존권 사수', '결사 투쟁'이라는 현수막이 하나 둘씩 내걸렸다.

동료들은 회의실에 모여 대책 회의를 시작했다. 좀더 관망하며 기다려보자는 사람과 당장 철야농성이라도 들어가자는 사람들로 의견이 엇갈리며 고성이 오갔다. 급기야 회의실에 회사의 프락치가 있을 것이라는 김화식 과장의 충동적인 발언으로 가뜩이나 뒤숭숭했던 회의실 분위기는 최고조에 달했다. 그리고 김 과장의 말에 최면이라도 걸린 듯 사람들이 외치기 시작했다.

"옳소! 김 과장을 위원장으로 추대합시다. 우리 모두 한마음으로 김 과장을 도웁시다."

이런 상황에 익숙하지 않았지만 죽느냐 사느냐 하는 생존이 걸린 문제니 태산 역시 가슴이 뜨거울 수밖에 없었다. 잠시 후 집에서 한 통의 전화가 걸려왔다.

"여보, 우리 집 있잖아. 경매로 넘어갔어. 집주인은 대책이 없고 이제 우리는 어떡해……."

이번에는 집주인이 IMF의 파고를 넘지 못하고 침몰했다. 어렵게 마련한 전세금을 한 푼도 건지지 못하게 된 것이다.

태산은 회의실을 빠져 나와 옥상에 올라 먼 산을 바라보며 잠시 생각에 잠겼다. 고등학교를 졸업하고 고향을 떠나오던 날, 어머니의 모습이 떠올라 눈가에는 눈물이 맺혔다.

"우리 아들, 이제 다 커서 엄마 곁을 떠나네. 대학 가면 교수님 말씀 잘 듣고 공부 열심히 해서 꼭 성공하거라. 엄마는 아들을 믿는다."

7만 원을 손에 꼭 쥐어 주시며 어머니는 아들을 향한 무한한 믿음의 말을 전했다. 그렇게 10년 동안 어머니의 바람처럼 열심히 살면 성공할 수 있을 것이라 태산은 믿고 살아왔다. 그러나 지금 태산은 그저 이 옥상에서 무너져 내리는 빌딩 숲을 바라볼 뿐 자신이 할 수 있는 일이라고는 아무것도 없다는 절망을 느꼈다. 무엇보다 다른 사람에 의해 자신의 운명이 결정되어야 한다는 사실에 태산은 덧없이 서글펐다.

'내가 상상한 삶은 이런 모습이 아닌데……, 나도 이루고 싶은 꿈과 목표라는 것이 있는데, 그것을 내 스스로 결정할 수 없다

니……, 이럴 수는 없어.'

태산은 거스를 수 없는 운명 앞에서 힘없이 침몰하는 자신의
초라한 모습과 마주하는 것이 비참했다.

'두 번째 내 인생의 침몰……, 내가 다시 일어설 수 있을까?'

주마등처럼 흘러간 지난날의 아픔을 모두 이야기하고 나자 조
금은 속이 후련해졌다. 장 선생이 혀를 차며 말했다.

"아버지 회사 부도에 이어 다니던 회사마저 문을 닫고 거기에
다 전세금마저 잃다니……. 홀어머니를 모시고 사는 너희 부부
가 경제적으로 무척 힘들었겠구나."

"뭐 그럭저럭 헤쳐오긴 했지만 사는 게 참 힘드네요."

태산은 잇따른 악재로 인생의 패배자가 된 기분을 떨칠 수가
없었다. 장 선생은 근심과 실망이 교차한 얼굴로 말했다.

"항상 밝고 성실하게 살아가는 네 모습을 보아왔는데, 오늘은
너답지 않구나."

"저답다는 게 뭔지 모르겠어요. 하는 일마다 꼬이다 보니 이젠
뭔가 새로운 일을 할 때면 겁부터 덜컥 생깁니다."

"태산아, 하늘이 무너지지 않은 이상 언제든 다시 시작할 수

있으니 너무 상심하지 말거라. 엉뚱한 생각하지 말고 저기 보이는 산 중턱까지 힘내서 올라가자꾸나."

장 선생은 축 늘어진 태산의 어깨를 툭 치며 발걸음을 재촉한다. 두 사람은 땀을 뻘뻘 흘리며 산을 오른다. 산 중턱쯤 올라가서야 시야가 제법 트이면서 아랫마을이 눈에 들어온다.

"아저씨, 좀 쉬어 가시지요."

장 선생과 태산은 큼직한 나무 등걸에 걸터앉았다. 아쉬운 대로 두 사람이 잠시 쉴 수 있는 아늑한 쉼터로는 꽤 쓸 만하다. 두 사람은 가쁜 숨을 고르며 이마의 땀을 훔쳐낸다.

"돌아가신 네 아버지가 생전에 널 자주 이 앞산에 데려온 이유를 알고 있느냐?"

"대략은 알고 있습니다만……. 아버지가 워낙 산을 좋아하셨잖아요."

태산은 주머니 속에 뭉쳐 있던 손수건을 꺼내 땀으로 범벅이 된 얼굴을 닦았다. 장 선생은 빙그레 미소를 지으며 말했다.

"여느 아버지처럼 네 아버지도 자식에게 많은 것을 알려주고 싶어 했지. 어린 아들은 무슨 뜻인지 알아듣지도 못하는데 말이야. 따지고 보면 네 아버지도 자식 앞에선 참 성급한 사람이었다."

그렇다. 아버지는 산을 함께 오르면서 수많은 인생의 지침들을 들려주었다. 어린 태산에게는 그저 메아리 정도로 들렸던 아버지의 말씀이 아들을 향한 부정임을 태산은 새삼 깨닫는다.

아버지는 태산에게 있어 인생의 선배이자 등불과도 같은 존재였다. 아버지는 태산이 힘들어 할 때면 언제나 미리 모범답안을 제시해 주었다. 태산은 아버지의 커다란 그늘 아래에서 늘 손쉽게 정답을 구했다. 어쩌면 아버지에게 의존하던 습관이 지금의 태산을 만들었는지 모른다.

"그게 아버지가 절 앞산에 자주 데려온 이유라는 말인가요?"

"네 아버지는 산에 관해서만큼은 아주 열정적이었지. 젊었을 때 공부만 하던 내게 산의 의미를 알려준 것도 네 아버지란다."

장 선생은 잠시 생각에 잠긴 듯 눈을 감은 채 말을 아꼈다. 그러고는 먼저 간 친구를 그리는 듯 한숨을 내쉬었다.

"태산아, 너는 등산을 싫어하지?"

"네. 아버지께 말씀드리지는 않았지만 사실 산에 오르는 게 싫었어요."

태산의 뒤늦은 고백에 장 선생은 껄껄 웃고 만다.

"하하, 실은 나도 그랬단다. 네 아버지가 이 산 저 산 할 것 없이 무조건 가자고 할 때는 정말 귀찮았다. 사실 대부분의 사람들은 산에 오르는 것이 힘든 일이라 여기지. 한번은 네 아버지에게 만날 똑같은 산에 오르면 싫증이 나지 않느냐고 물었단다. 그랬더니 네 아버지가 그런 말을 하는 사람은 틀림없이 산에 가지 않는 사람이라고 단정하더구나. 산이 가지고 있는 특별한 매력은 자주 산을 오르는 사람만이 안다는 게야. 산은 오를 때마다 다른 얼굴, 다른 모습으로 변한다는 거지."

태산은 장 선생의 이야기에 흥미를 느꼈다.

"그럼 아버지가 절 데리고 산에 오른 것도 산의 매력을 알려주기 위함도 있겠군요."

"좀더 정확히 말하자면 산을 통해 네게 인생의 의미를 알려주려고 했던 것이란다. 산악인들은 산을 오르기 전 그곳의 일기 등 갑자기 일어날 악재를 미리 고려해 철저한 준비를 한다. 그 다음에는 마음의 준비를 하지. 산에 대해 진지하게 생각해 보지 않은 사람들은 산악 원정대의 고행을 결코 이해하지 못해. 너는 눈 덮인 안나푸르나 정상의 유혹을 이기지 못하고 산을 오르다 그 흰 산에 묻히기도 하고 바위를 오르다 추락하기도 하는 그들을 이해할 수 있겠느냐? 그렇게 생명을 걸고 사투를 벌인 끝에 정상에 오른 사람들에게 인생은 분명 다르게 보이지 않을까?"

태산은 그렇게 수없이 이 앞산을 오르내렸지만 그것이 자신을 뛰어넘으라는 아버지의 메시지가 담긴 훈련 프로그램이라는 것을 지금까지 깨닫지 못했었다. 분명 아버지는 태산에게 인생의 깊은 의미를 가르쳐주고 싶었을 것이다.

"네가 거듭된 실패로 인해 상심이 크고 앞날을 두려워한다는 것은 알지만, 그런 마음은 현실에서 별로 도움이 되지 않는단다."

장 선생의 지적에 갑자기 태산은 슬쩍 어깃장을 놓고 싶어졌다.

"아저씨가 제 입장이었다면 두렵지 않으셨을까요?"

"나도 너처럼 두려웠을 거야. 같은 사람인데 다르다고 말하진 않겠다. 하지만 두려움을 극복할 수 있는 유일한 희망은 자신감이란다. 자신에 대한 믿음이 중요한 거야. 어떤 상황이든 자신을 믿는 마음이 있으면 미래를 상상해 볼 수 있지. 그래야 상상을 통해 예측된 결점들을 보완하기 위해 노력할 수 있다."

태산은 '믿음'이라는 단어가 마음에 와 닿았다.

"스스로를 믿는 것이 자신감이라……, 자신에 대한 믿음은 일종의 신앙심 같은 건가요?"

"하하, 그렇지. 자신에 대한 신앙심이라 생각하면 쉽게 이해가 되겠군."

한낮의 태양 볕이 잣나무 가지를 스치며 더욱 강하게 태산의 가슴 속을 파고든다. 장 선생과의 대화는 늦은 오후까지 계속되었다.

"혹시 '생쥐의 가슴' 이라는 이야기를 들어보았느냐? 내가 좋아하는 이야기인데 한번 들어보렴."

"생쥐의 가슴이라구요?"

태산은 호기심이 당기는 듯 눈빛을 반짝이며 장 선생의 이야기에 귀를 기울였다.

생쥐의 가슴
상상은 언젠가 현실이 된다

고양이를 너무나 두려워했던 생쥐가 마법사에게 찾아가 애원했다. 생쥐는 고양이가 무서우니 고양이가 두려워하는 개로 만들어 달라고 빌었다. 마법사는 생쥐의 간곡한 소원을 들어주었다.

그런데 얼마 후 생쥐가 다시 마법사를 찾아왔다. 생쥐는 비록 개로 변신했지만 여전히 고양이가 무서워 고양이 앞에 나서지 못했다고 고백했다. 그래서 이번에는 호랑이로 만들어 달라고 애원했다.

마법사는 혀를 차며 대답했다.

"이런 딱한 녀석을 보게나. 너를 호랑이로 만들어 준다고 한들 네가 생쥐의 가슴을 하고 있음을 모르느냐?"

태산은 두 눈이 휘둥그레졌다.

"그러니까 생쥐의 가슴을 지니고 살면 호랑이가 되어도 생쥐일 수밖에 없다는 거군요."

"그렇지. 지금 당장 눈앞의 현실이 고통스럽고 견디기 힘들어 보이지만 지나고 나면 별 것 아닐 수도 있단다. 많은 사람들이 쉽게 좌절하거나 일어서지 못하는 것은 어쩌면 스스로를 믿지 못하기 때문일지도 모른다. 중요한 것은 외부에 있는 것이 아니라 자신의 마음에서 비롯되는 것이지."

태산은 어느 길로 가야 할지 좀처럼 판단하기 어려운 미로의 한복판에 서 있는 기분이었다.

"솔직히 아저씨의 말씀에 전적으로 동의하기는 어렵군요. 쥐뿔도 없는 가난뱅이가 호랑이의 가슴을 지니고 살기란 모든 면에서 풍요로운 부자가 생쥐의 가슴을 갖는 것만큼이나 어려운 일 아닐까요?"

"하하. 나도 생쥐의 가슴을 호랑이 가슴으로 바꾸는 방법은 모른단다. 외과 의사처럼 이식수술을 할 수 있는 것도 아니고 말이야. 하지만 태어날 때부터 생쥐의 가슴을 몸에 달고 살아온 것도 아니니 그것을 호랑이의 가슴으로 바꿀 수 있는 방법도 분명 있겠지."

멀리 잣나무 위로 힘차게 뛰어 올라가는 청설모를 힐끗 쳐다보며 장 선생은 이야기를 계속했다.

"태산아, 자신감은 상상력에서 비롯된단다. 미래를 상상하는 사람은 자신을 믿고 현재를 살아가는 데 큰 힘을 얻을 수 있지. 생각해 보렴. 라이트 형제가 하늘을 날고 싶다는 상상을 하지 않았다면 비행기가 만들어졌을까? 또 수많은 사람들이 달나라에 가고 싶다는 상상을 했기 때문에 누군가 그 꿈을 현실로 만들기 위해 노력했을 거야. 결국 그 꿈을 이룰 수 있었던 원동력은 상상력이란다."

비로소 작은 희망이 가슴속에서 싹틈을 느끼며 태산은 부끄러운 듯 조금 상기된 얼굴로 말한다.

"아저씨 말씀을 들으니까 지난 몇 년간 자신감 없이 살아온 것이 후회스럽네요. 생쥐의 가슴을 지니고 산다면 아무리 좋은 환경에서도 변할 것은 없겠지요. 하지만 사람마다 자신감의 크기는 다른 것 같아요. 지금의 상황을 헤쳐 나가기 위해 어떻게 하면 좋을지 좀더 자세히 설명해 주세요."

"나는 지금의 상황을 개선할 수 있는 열쇠는 믿음이라고 생각한다. 자신에 대한 믿음 말이야."

태산은 잠시 골똘히 뭔가를 생각하는 듯 말했다.

"그럼, 자신에 대한 굳건한 믿음이 있어야 호랑이 가슴이 된다는 말이잖아요. 그런 믿음을 어떻게 만들 수 있단 말인가요?"

장 선생은 얼마 전 마을도서관에서 읽었던 성서의 한 구절을 태산에게 들려준다.

'믿음은 들음에서 난다.'

태산은 생각했다. '나는 지금껏 어떤 말들을 들으며 살아왔는가?' 기억의 한 편에 뚜렷하게 각인되어 있는 첫 번째 들음이 보였다.

"50점 미만 앞으로 나와. 엎드려."

"너의 태도는 훌륭한데 머리는 왜 그 모양이야."

"커서 뭐가 될래. 이 바보 같은 녀석."

"이게 성적이야?"

"너희 열 명 때문에 우리 반이 전교에서 꼴찌다."

"집에 가서 엄마한테 나는 바보라고 외쳐라."

갑자기 이런 들음에서 나타나는 확신에 찬 믿음이 하나 있다.

'나는 바보다.'

그 소리를 들으며 눈을 감으니 가장 먼저 떠오르는 기억의 저편에 한 아이가 보인다. 그 아이에게 한 선생님이 말을 건넨다.

"초등학교 3학년이나 된 녀석이 한글도 몰라?"

"……."

"이 녀석 봐라. 내가 교사 생활 15년 만에 너 같은 녀석은 처음이야. 어떻게 초등학교 3학년이나 된 녀석이 글도 몰라. 지금 당장 책가방 싸. 그리고 엄마에게 가서 글도 못 읽는다고 말하고 와. 어서."

선생님은 책상 속에서 책과 노트를 꺼내 아이의 가방 속에 쑤셔 넣으며 아이의 팔을 잡고는 교실 뒷문으로 끌어당긴다.

"어서 나가. 집에 가서 엄마한테 가서 말하고 오래두. 어서!"

아이는 울면서 선생님에게 말한다.

"집에 엄마가 없어요. 아파서 할머니 집에 가셨어요. 아빠는……, 밤늦게 집에 오세요."

"그럼, 뒤에 서서 수업 들어."

아이는 서러움에 목이 메여 교실 뒤에 서서 계속 울고만 있다. 그 아이를 보고 있노라니 태산은 자신도 모르게 눈물이 흐른다.

　"생각해 보면 마음의 상처가 가장 오래 남는 것 같아요. 그 선생님은 어쩌면 고마운 분일지도 모르겠어요. 그만큼 제자를 걱정하는 마음에서 그런 말씀을 하신 거겠죠……."

　태산은 마음이 아팠지만 아이 편에서 생각하기보다는 애써 선생님 편에서 생각하고 싶었다. 장 선생은 그런 태산의 손을 잡으며 위로한다.

　"태산아, 그래도 지금까지 넌 잘 살아온 거야. 그때의 상처가 너를 더욱 열심히 공부하게 만들었다는 것을 안다. 이번에는 어린 시절의 작은 상처보다는 힘이 되는 들음을 떠올려보렴."

"글쎄요, 나에게도 좋았던 들음이라는 것이 있었나……?"

잠시 눈을 감고 생각해 보니 두 번째 들음이 보였다.

"지금처럼 그런 마음만 있으면 넌 꼭 성공할거야."

"우리 아들, 엄마는 걱정 안 한다. 넌 꼭 성공할거야."

"넌 책임감이 강한 아이구나."

"그 동안 너 때문에 고맙고 즐거웠다."

"역시 네가 하면 뭘 해도 다르단 말이야."

"널 믿는다."

그런 들음 속에서 개울가 모래사장에 마주 선 두 명의 학생이 보였다. 한 명은 여학생이다. 다른 한쪽의 남학생은 수줍은 듯 말을 못하고 고개를 떨어뜨린 채 서 있다. 한참 동안 그렇게 서 있던 남학생이 말을 건넨다.

"덕희야, 오랜만이다. 초등학교 졸업한지 3년 만에 보네."

"그래 반가워. 그동안 잘 지냈니?"

덕희와의 첫 기억은 초등학교 5학년 시절로 거슬러 올라간다. 여느 때와 같이 새벽 신문배달을 끝내고 남들보다 늦게 교실에 들어오면 항상 서랍 속에는 누군가가 넣어둔 옥수수빵 하나가 있다. 오랫동안 점심시간을 그 옥수수빵과 함께 했던 추억을 생각하면 빵을 넣어둔 아이들에게 고맙다는 말 한마디 전하지 못한 것이 늘 아쉬웠다. 그 아이들 중에 한 사람인 덕희를 3년 만에 다시 만나게 된 것이다.

"초등학교 5학년 때 옥수수빵 말이지 정말 고마웠어. 미안해. 이제야 이런 말을 해서……."

덕희는 웃으며 말한다.

"괜찮아. 지금 고맙다고 말했잖아."

"어른이 되면 그 은혜 다른 사람들에게 조금씩 갚으며 살고 싶어. 그리고 살면서 잊지 못할 추억이 될 것 같아. 고마워."

"지금처럼 그런 마음만 있으면 넌 꼭 성공할거야."

그때 개울가에서 만났던 16살의 덕희는 태산에게 작은 용기를 주었다. 오랜 세월이 흘렀지만 그 아이가 남긴 그 한마디의 말이 한 편의 동화 같은 어린 시절 아름다운 추억으로 태산의 가슴속에 오랫동안 남아 있었던 것이다.

"그때 아버지가 큰 빚을 지셔서 집안 형편이 어려웠어요. 힘들 때면 꼭 성공할 거라는 그 친구의 말을 생각하며 열심히 살아야겠다는 다짐을 하곤 했어요."

지난 시절의 기억을 떠올리다 보니 태산은 따뜻한 말 한 마디가 오늘 같은 인생의 위기 앞에서 커다란 위안이 된다는 것을 느꼈다.

"태산아, 너의 내면에서 들려오는 수많은 소리들 중에서 그 동안 네가 어떤 것을 자주 사용했느냐에 따라 그것이 너의 믿음이 된단다."

"그것이 저의 믿음이라고요?"

"그래. 만일 어린 시절 들은 부정적 말들을 그대로 믿었다면 너는 좋은 대학, 좋은 회사에 들어가기 어려웠을 게다. 적어도 예전의 너는 그런 부정적인 말에 굴하지 않는 자신감 있는 아이였다는 말이다. 기억과 상상 속에서 네가 진정 믿는 것을 찾아라. 그 믿음이 바로 네가 찾는 자신감이다. 저기 멀리 보이는 손톱만 한 집들이며 사람들이 보이느냐?"

태산은 장 선생이 가리키는 손가락 끝을 따라 산 밑의 마을을 내려다보았다.

"네. 작지만 선명하게 눈에 보이는 것 같아요. 아름다운 오후의 한가로움 같기도 하네요."

"지난 시간을 돌아보면 지금 멀리 보이는 풍경처럼 아름답게 해석할 수 있는 많은 것들이 있단다. 저기 저 풍경들을 보고 있노라면 현실이 꼭 어둡고 아프게 느껴지는 것은 아니지. 그래서 네 아버지는 여기 앞산을 좋아하셨던 거야. 산에서 마을을 내려다

보면 모든 것이 아름답게 보이지만, 산 아래에서 정상을 올려다보면 험난하고 부담스럽게 느껴지지. 너는 지금 산 아래에 있다고 생각하느냐, 산 위에 있다고 생각하느냐?"

이제야 뭔가를 깨달은 듯 무릎을 치며 태산은 말한다.

"아저씨 말씀이 맞아요. 어떻게 보느냐에 따라 똑같은 상황이라도 그 의미는 달라지겠군요. 스스로가 항상 산 아래에 있다는 생각에 모든 것이 부담스러웠나 봅니다."

"그래. 인생은 산을 오르는 것과 다르지 않다. 산을 오르다 지치고 힘들면 잠시 멈춰서 산 아래 아름다운 풍경을 보거라. 그러면 다시 산에 올라갈 힘을 얻을 수 있단다. 네가 지금까지 걸어온 길과 현재 보이는 것들이 저 풍경처럼 아름답게 보인다면 자신을 믿는 마음은 더욱 단단해질 거야."

"여태 미래를 위한 상상은 제대로 해본 적이 없었어요. 그저 하루하루가 고달프고 힘들다고만 생각했어요."

"무슨 일이든 마음먹기에 달려있음을 언제나 잊지 말기 바란다. 인간만이 가질 수 있는 상상의 즐거움을 만끽하고 그 상상을 통해 자신의 믿음을 찾아보거라."

태산은 나무 등걸에서 일어나 산 중턱 그리 높지 않은 바위에 올랐다. 갑자기 가슴속에서 밀려오는 뜨거움을 느끼며 태산이 크게 소리를 친다. 그러자 되돌아오는 울림이 태산의 미래를 예견하듯 끊임없이 메아리쳤다.

"나는 나의 세상을 상상한다!"

크게 소리를 치고 나니 태산은 답답한 가슴이 후련해졌다.

"진작 산에 올 걸 그랬어요. 결국 자신의 믿음이 자신을 죽이기도 하고 살리기도 하는군요. 지금껏 저는 산 아래에서 산을 올려다보고만 있었어요. 그리고 그것이 생쥐의 가슴으로 살게 한 믿음이 되었고요."

"산 아래의 풍경을 보았다면 이제부터는 더 높은 곳을 올라갈 수 있는 자신감이 생길 게다. 그런 자신감이 어디에서부터 나오는지 생각해 보렴. 오늘은 많이 늦은 것 같다. 어둑해지는 걸 보니 해가 지려나보구나. 그만 내려가자."

장 선생의 말처럼 인생이란 등산과도 같은 것이다. 그러나 태산은 산을 오르면서도 산 아래의 풍경을 보지 못했던 자신을 더 이상은 탓하지 않으리라 다짐했다. 이제부터는 산 위를 올라가는 데 필요한 것들만 상상할 것이다. 그것이 잃어버린 자신감을 되찾는 중요한 카드가 되리라고 태산은 어렴풋이 깨닫기 시작했다.

♠ 자신감 카드 2

산을 오르다 멈춘 것은 실패가 아니다.
오르는 것을 포기한 것이 실패다.

세 번째 이야기

위기

위기는 변화의 시간이 임박했음을 알리는 신호다.
위기는 현재의 상황을 인정하고
자신을 바로 알게 하는 절호의 기회기 때문이다.
위기와 친구가 될 수 있다면
잃어버렸던 자신감을 되찾을 수 있다.

다소 서늘한 아침 공기 사이로 들리는 새 소리에 태산은 잠에서 깼다. 시끄러운 자명종 소리로 맞는 도시의 아침과는 아무래도 달랐다. 자는 동안 머리가 맑아질 정도로 상쾌한 공기를 가슴 깊이 실컷 들이마셔서 그런지 태산은 몸과 마음이 한결 가벼워짐을 느낀다. 머리맡에 놓아둔 손목시계의 바늘이 7시 10분을 가리키고 있다.

어젯밤에는 너무나 푹 잘 잔 탓에 아무런 꿈도 꾸지 않았다. 사실 태산은 요즘 들어 하루도 빠짐없이 꿈을 꾼다. 대개는 악몽이다. 직장을 옮기면서부터 자주 가위에 눌리거나 나쁜 꿈을 꿔 아침에 일어나면 꿈 내용이 선명하고 기분도 영 개운치 않았다.

잠시 동안이지만 이곳의 신선놀음이 몸에 배어 곧 돌아갈 도시생활에 잘 적응할지 내심 태산은 걱정이 되었다. 태산은 꿈같은 이곳에 정착한 자신의 모습을 상상하며 천천히 방문을 열었다. 밖은 이미 환하게 밝았다. 시골의 아침 공기가 잔뜩 움츠러든 폐에 신선한 에너지를 공급한다. 태산은 주섬주섬 겉옷을 챙겨 입고 밖으로 나갔다. 부지런한 장 선생은 언제나 그랬듯, 집 앞마당의 텃밭에서 일을 하고 있었다.

"아저씨 안녕히 주무셨어요?"

　한결 마음이 가벼워진 태산이 밝은 목소리로 아침 인사를 하
자 텃밭에 쭈그리고 앉아 잡초를 뽑던 장 선생이 고개를 돌린다.

　"일어났구나. 그래, 새벽엔 좀 춥지 않았니?"

　"춥기는요. 시골 공기라서 그런지 참 좋네요. 아저씨 오늘은
대왕바위까지 올라가야겠어요. 아저씨랑 같이 가고 싶어요."

"그래, 대왕바위까지 가려면 지금쯤은 출발해야지."

말은 그렇게 했지만 여전히 장 선생은 호미로 텃밭의 땅을 고르고 있었다. 장 선생이 작업을 멈추지 않자 머뭇거리며 태산은 산행을 재촉한다.

"지금 갈까요?"

"어제 앞산에서 내려다본 산 아래의 평지가 생각나니? 오늘은 거기에 가자. 산내음도 좋지만 오래된 책 냄새도 나쁘지 않단다."

"그렇게 하죠."

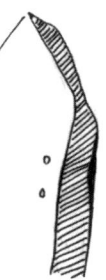

태산의 마음은 이미 대왕바위에 가 있는 터라 조금은 실망한 듯 동의한다. 그런 태산의 마음을 아는지 모르는지 장 선생은 썩은 꽃나무를 뽑아내려 밑동을 잡으며 말했다.

"태산아, 이리 와서 나 좀 도와줄래? 여기 썩어가는 나무들을 좀 뽑아야겠다."

태산은 장 선생이 뽑으려는 꽃나무를 보고 말했다.

"아저씨, 아직 멀쩡한데요. 그냥 두시죠."

"아니다. 겉보기에는 멀쩡해 보여도 그렇지가 않다. 뿌리가 썩어 조금 지나면 요 녀석 때문에 다른 나무까지 전염이 되지."

텃밭의 건강한 꽃나무들을 해칠 썩은 꽃나무를 두 사람은 힘을 모아 시원스레 뿌리까지 뽑아냈다. 뽑힌 나무의 뿌리는 장 선생의 말처럼 썩어가고 있었다. 두 사람은 손에 묻은 흙을 털어내고 마당 수돗가에서 손을 씻는다. 이윽고 코를 자극하는 구수한 된장찌개가 출출한 배를 더욱 자극한다.

"태산아, 이번 된장이 아주 맛있어."

"히야, 정말 기막힌 맛인데요."

태산은 시골 밥상을 제대로 즐겼다. 그리고 두 사람은 아침상을 마주하며 대화를 이어갔다.

"어제는 네 이야기를 들었으니 오늘은 내 이야기를 해줄까 한다. 밥 먹은 후 산 아래 그 평지에 가자꾸나."

"네. 그런데 간만에 먹는 누룽지 맛이 진짜 예술이네요."

여느 때와 다른 아침이 태산을 즐겁게 만든다. 이 순간만큼은 태산의 눈에 비친 장 선생이 마치 자신을 낙원으로 인도하는 사람처럼 여겨지는가 보다. 두 사람은 어제 산에서 내려다 본 그 평지로 말없이 걸어갔다. 한참을 지나 장 선생이 말문을 연다.

"태산아, 채근담을 아느냐?"

"네. 대충은 압니다. 삶의 자세에 관한 좋은 글들을 수록한 중국 고서라는 정도로……."

채근담 이야기
사람이 나무뿌리를 씹을 수만 있다면 모든 일을 가히 이루리라

〈채근담〉은 중국 명말 홍자성의 어록을 모은 삶의 자세가 담긴 생활철학서이다. 이 책은 도교와 불교가 가미된 유교 중심의 사상이 담겨 있다. 지은이 '홍자성'은 환초도인還初道人이라고도 불린다. 그는 청렴한 생활을 하면서 인격수련을 게을리 하지 않았고, 인생의 온갖 고생을 맛본 체험에서 우러난 주옥같은 어록을 이 책에 담았다. 〈채근담〉이란 제목은 宋송나라 유학자인 왕신민의 "사람이 나무뿌리를 씹을 수 있다면 모든 일을 가히 이루리라"란 말에서 인용된 것으로 전해진다. 사람이 비록 초근목피로 연명한다 해도 매사에 성심을 다해 노력한다면 어려운 일이라도 안 되는 일이 없다는 내용이다. 〈채근담〉은 대부분이 단문으로 이루어졌다. 사람의 도리에 대해서 참으로 깊은 통찰력을 엿볼 수 있는 〈채근담〉은 전집과 후집으로 나뉘어 있기도 하지만 일반적으로 섭세편, 도심편, 자연편, 수성편으로 구분되어 있다.

✠✠✠

"그렇다. 〈채근담〉은 홍자성 자신의 산 경험을 토대로 쓴 책이다. 그래서인지 요즘 읽어도 우리에게 시사하는 바가 크다. 나 역시 이 책을 읽으며 깨우칠 때가 많단다. 그 중에 이런 글이 있지.”

'모든 욕망이 다 마음을 해치는 것은 아니다.
고집스러운 독단이 마음을 해치는 도적이다.'

“무릇 욕심과 욕망에도 여러 가지가 있으니 가려서 행하라, 뭐 그런 의미지. 정말 내가 마음에 담아둔 글귀는 따로 있다.”

'고요함을 좋아하고 시끄러움을 싫어하는 자는
흔히 사람을 피하여 고요함을 찾나니
뜻이 사람 없음에 있다면
곧 자아自我에 사로잡힘이 되는 것이요,
마음이 고요함에만 집착한다면
이것이 어지러움의 뿌리가 되는 것임을 모름이니
어찌 남과 나를 하나로 보고 동動과 정靜
모두를 잊는 경지에 이르리오.'

“태산아, 살면서 위기는 누구에게나 찾아온다. 그러나 인생에서 평온함만을 기대하는 것은 재미없는 경기를 관람하는 것과 같다. 승리와 골을 위해서라면 파울과 몸싸움은 당연한 것이다. 그 와중에 심판의 불공정한 판정도 있겠지. 이런 경기를 보는 관중과 뛰고 있는 선수들은 흥분과 즐거움이 교차하지. 이것이야말로 진정 흥미진진한 경기가 아닐까?"

장 선생이 말한 이 지극히 평범하고 당연한 이치를 태산 또한 모르지 않는다. 그러나 인생에서 위기를 어찌 흥미로만 받아들일 수 있겠는가. 적어도 태산 자신은 지금의 위기를 결코 작은 태클 정도로 여길 수가 없었다.

"태산아, 내게도 숱한 위기들이 찾아와 자신을 잃어버린 시간들이 있었다. 정말이지 그때는 괴로움과 나약함의 연속이었지."

"정말요? 괴로운 것은 어느 정도 이해가 되지만 아저씨께서 나약해졌다는 것은 믿어지지 않는데요."

"하하, 그러냐? 내 제자들이 회사에 취직해서는 종종 나를 교육부서 직원들에게 추천하곤 했지. 회사에서 강의할 때와 학교에서 학생을 대할 때의 느낌은 정말 달랐다. 회사에서 강의를 하다 보면 이런저런 새로운 모습을 많이 보게 된단다. 내가 한창 강의하던 시절의 이야기다. 지금은 별일 아닌 일이지만 그때 내게는 위기의 순간이었단다."

장 선생이 회사 강의도 했었다는 말에 태산은 문득 어제까지 받았던 연수원에서의 교육이 생각났다. 장 선생이 은퇴를 하지 않았다면 아마도 그런 자리에서 교육생과 강사로 만나지 않았을까? 장 선생은 지난 시절을 회상하며 태산에게 자신의 작은 위기를 들려주었다.

장 선생의 위기 이야기
인생이라는 큰 경기 중 위기는 작은 태클에 불과하다

월요일 아침 지하철은 붐볐다. 장 선생은 A그룹 강의실에 제시각에 도착할 수 있을지 긴장됐다. 회사 강의는 처음이라 사실 준비부터 쉽지 않아 힘든 강의가 되리라 염려가 앞선 모양이다. 가까스로 도착한 장 선생은 강사 대기실에서 인사담당자와 간단한 인사를 나누고 강의에 대한 간략한 이야기를 주고받았다.

"교수님, 다른 이야기보다는 회사에 오래 다닐 수 있는 방법들을 이 친구들에게 꼭 좀 들려주세요."

인사담당자는 거듭 당부하며 장 선생을 강의실로 안내했다. 임원 회의실에 마련된 U자형 테이블 주위로 15명의 남녀 대졸 신입사원들이 조금은 긴장한 듯 무표정한 얼굴로 자리에 앉아 있었다. 그동안의 강의실 분위기와는 사뭇 달랐다. 썰렁하고 냉랭한 기운이 장 선생의 신경을 거슬렀다.

"반갑습니다. 지금부터 직장인의 성공철학에 대해 말씀드리겠습니다."

약하게 들려오는 박수소리와 함께 장 선생의 강의는 시작됐다. 1교시 수업을 끝내고 난 장 선생의 마음은 다소 무거워졌다.

'정말이지 형편없는 교육생들이구만. 예의라고는 찾아볼 수가 없군. 앞에서 강의하는 내 앞에서 어떻게 저런 행동들을 할 수가 있을까? 열심히 준비한 내가 한심할 정도군.'

졸고 있거나 먼 산을 보며 고뇌하는 몇몇 청강생들 때문에 다음 강의가 제대로 진행될 수 있을까 하는 걱정이 앞섰다. 돌하루방처럼 어떤 내용에도 반응이 없는 대다수 교육생들로 1교시는 최악의 강의시간이었다. 그런 와중에 한 교육생이 강사대기실에 있는 장 선생을 찾아왔다.

"안녕하세요. 저는 오늘 선생님의 강의를 듣고 있는 교육생 하동수라고 합니다. 사실 기대를 많이 했습니다. 이번 강의에 참석한 신입사원들은 1000:1의 경쟁을 뚫고 입사한 만큼 아주 우수한 인력들이라 생각합니다. 보시다시피 해외 유학파도 많고 토익 점수 또한 상당합니다."

'황당하군. 대체 무슨 말을 하려고 저렇게 자신들을 드러내나?'

"이 회사는 정년까지 다닐 수 있는 평생직장입니다. 남들이 말하는 신이 내린 직장이죠."

'평생직장'이라는 말을 듣는 순간, 장 선생은 교육생이 자신을 찾아온 이유를 어렴풋이 짐작할 수 있었다. 그 교육생은 이야기를 계속했다.

"교수님, 우리 회사에 입사한 친구들은 이 평생직장을 구하기 위해 정말이지 많은 공부를 했습니다. 오늘 강의 내용은 취업 준비를 위해 우리들이 이미 공부해서 알고 있는 내용이라 지루합니다. 그래서 제안을 하나 드리려고 찾아왔습니다. 이후 교육 내용도 1교시와 비슷할 것이라 생각되는데, 일정을 옮겨 저희가 원하는 내용으로 강의해 주시면 어떨까요?"

당돌한 신입사원의 제안에 순간 장 선생의 얼굴이 붉어졌다. 어린 녀석에게 창피를 당한 것도 그러하지만 미리 청강생에 관해 사전 준비를 철저히 하지 못한 자신이 부끄럽기도 했다. 이런 황당무계한 일이 자신에게 일어날 것이라고는 전혀 예상하지 못했다. 지금까지 좋은 강의로, 인격으로 자신은 존경받는 멋진 교수라 굳게 믿었기 때문이다. 장 선생은 오늘 강의 역시 그럴 것이라 믿고 한 점의 의심도 품지 않았다. 순간 옆에서 조용히 듣기만 하던 인사담당자가 교육생을 향해 말문을 열었다.

"오늘 강의는 급하게 진행되어 교수님께 미리 교육 내용을 상의 드리지 않았어요. 그러나 나름대로 교수님께서 강의를 위해 많은 준비를 하셨으니 오늘은 그냥 끝까지 강의를 듣는 것이 어떻겠습니까?"

이건 또 무슨 상황인가? 신입사원과 타협을 하려는 인사담당자의 말이 장 선생의 귀에는 더욱 형편없게 들렸다. 어차피 이런 상황이 되었으니 그냥 잔소리하지 말고 들으라는 것이 아닌가? 말하자면 장 선생의 교육 내용이 뭐 그리 중요하냐는 말이었다.

"무슨 말인지 알겠습니다. 모두들 자네와 같은 생각인가?"

"네, 교수님. 제가 대표로 전하는 것입니다. 제가 다소 무례했다면 너그럽게 이해해 주십시오. 저희로서는 시간만 낭비하는 셈이라……, 다음에 좋은 강의 부탁드립니다. 그때에는 정말 경청해서 듣겠습니다."

"알겠으니 돌아가게. 인사담당자와 상의해 보겠네."

"고맙습니다. 그럼 저는……. 이후 시간에 어떻게 할지 알려주십시오. 강의실에 있겠습니다, 허 과장님."

살벌한 분위기를 뒤로하고 유유히 돌아가는 신입사원의 등 뒤에 선 장 선생은 그저 참담할 뿐이었다.

"오늘 교육생들이 이런 반응이니 그냥 이것으로 강의는 중단하는 것이 좋겠군요. 허 과장님, 이후 마무리 잘 하시고 다음에

뵙지요."

"교수님, 그럼 다음 강의 준비 잘 해주십시오. 부탁드립니다.
오늘 강의 시작하기 전에 제가 당부한 말씀이 처음 강의를 부탁
드렸을 때 제가 이미 전달한 내용이었는데……, 기억을 못하셨
나봅니다."

그날의 일화는 이 회사의 신입사원들 사이에서 소문으로 나돌
았고, 심지어는 장 선생에게 강의를 부탁하려는 다른 회사에까
지 전달되어 장 선생은 한동안 곤욕을 치렀다. 평생 학생들에게
좋은 강의로 선행을 하리라 마음먹었던 장 선생에게는 그날의 사
건이 깊은 후회와 자책으로 다가왔다. 심지어 교수의 길을 선택
하도록 격려하고 용기를 준 지난날 한 여사원의 교육소감문이 원
망스러웠던 날이기도 했다. 그날 이후 장 선생은 자신의 선택에
대한 후회와 좌절감으로 인해 한동안 교단에서 강의하는 것이 두
렵기까지 했다.

✤✤✤

장 선생의 위기 이야기를 듣는 내내 태산은 마치 자신이 그 신
입사원 하동수라는 인물이 된 듯한 기분이었다. 며칠 전 부진자
교육에 임한 자신의 모습이 떠올랐기 때문이다. 한편으론 자신

이 스승으로 여기고 있는 장 선생이 그런 일을 겪었다는 것이 믿어지지 않았다.

"태산아, 나는 그 이후로 한동안 사람을 기피하고 외부와는 단절한 채 혼자 있었다. 그때 난 혼자서 많은 생각을 했는데 돌이켜보면 그것이 오히려 나를 더욱 힘들게 했지. 아무리 생각해도 내 잘못은 없었기에 그때 두 사람이 무척 싫었다. 그리고 배울 자세가 되어 있지 않은 사람들에게 내 귀한 강의를 들려주고 싶지 않았지."

"그랬겠네요. 아저씨, 그 이후로 어떻게 지내셨나요?"

"얼마 후, 난 한 일간지에서 '인재가 곧 인력은 아니다' 라는 글을 접하게 되었다.

> '인재가 곧 인력은 아니다.' 최근 각 기업에서 지난 몇 년간 입사한 신입사원의 이력을 조사한 결과, 학벌 및 토익 점수는 업무능력과 별 관계가 없다는 결론을 얻었다고 한다. 이로 인해 최근 주요 기업 인사담당자들은 채용에 대한 전략을 근본적으로 다시 수립하고 있다.

나는 기사에서 최근 주요 기업들이 채용에 대한 전략을 근본적으로 다시 수립한다는 내용을 보고 새로운 강의를 준비했다. 그때 그 신입사원이 생각나 '평생직장' 의 의미와 '평생직업' 의 가치를 소재로 한 강의안을 만들어두었지. 그리고 한참 지나서 한 통의 전화를 받았다. 강의 요청이었지. 오랜만에 들어온 회사 강의기도 했지만 내게 있어 뭔가 좋은 계기가 될 것이라 생각했다. 그래서 난 그때와는 달리 철저하게 교육생들의 정보를 챙겼고 미리 만들어둔 강의 내용도 꼼꼼히 점검했단다."

"역시, 아저씨답습니다."

"결과는 역시 달랐단다. 이번에는 반응이 아주 좋았지. 사실 지난번 강의는 나의 위신을 세우려는 내용들로 요란하기만 했었다. 그러나 난 그 이후로 달라졌지. 강의를 듣는 사람들을 위해 꼭 그들이 필요로 하는 것들을 챙겼단다. 그리고 초보 직장인들이니까 사회나 기업문화 측면에서 약이 될 만한 조언을 미리 들려주는 선배를 자청했다고 할까? 강의 중간에 난 선배로서 그들에게 나만의 경험담을 들려주었단다. 물론 그때 그 사건도 강의 내용 중 하나로 활용되었지. 하하하."

"정말 다행이네요. 사실 저도 이번 연수과정 내내 다 아는 내용을 왜 들어야 하나⋯⋯, 제 머리 속에는 이런 생각들로 가득 찼죠. 제 생각만 한 것 같아요. 다 아는 내용이지만 사실 일상에서 적용하지 않은 것도 많았으니까요. 어쩌면 현재 제가 다시 점검해 볼 만한 내용들이었던 것 같아요."

"태산아, 직장을 다니다 중도에 퇴직한 사람의 95퍼센트가 기술 부족이나 업무능력 미달 때문이 아니라, 주변 사람들과 맺는 관계의 기술이 부족해서 회사를 떠난다고 한다. 그래서 요즘 면접관들은 면접에 참여한 사람들이 얼마나 다른 사람의 말에 귀를 기울이고 집중하는가를 먼저 본다고 한다. 적극적 경청은 인간관계에서 가장 기본이 되는 자세이니까 말이야. 이제는 학력이 좋은 사람일수록 다 안다는 불성실한 태도를 보이면 뜻하지 않은 실패나 위기를 자처할 수도 있는 세상이다."

장 선생의 위기도 그랬지만 위기는 자신도 예상하지 않은 상황에서 얼마든지 일어날 수 있는 일이다. 중요한 것은 위기에 봉착한 이들이 문제를 긍정적으로 받아들여 현명하게 해결할 수 있는지가 관건이다. 자신 앞에 닥친 위기를 적극적으로 극복하지 못하고 그저 피하는 것이 어쩌면 더 큰 위기가 아닐까? 순간 태산의 뇌리로 스치는 생각이 하나 있었다.

꿀벌 이야기
위기가 없다면 현재의 문제와 자신의 능력을 바로 알기 어렵다

한 양봉업자가 휴가차 해외여행을 떠났다. 태국의 어느 야외 식물원에 이르자 그는 한 가지 재미있는 사실을 발견했다. 태국의 꽃들은 사계절 따뜻한 환경에서 피어나 항상 꿀을 머금고 있지만 그곳에 있는 꿀벌들은 하나같이 꿀을 모으는 일에는 관심이 없고 그늘진 곳에 모여 앉아 게으름을 피우고 있다.

그것을 본 양봉업자는 한국의 꿀벌들이라면 꿀을 몇 배나 잘 모을 수 있을 것이라는 확신이 생겼다. 양봉업자는 얼마 후 몇 개의 벌통을 한국에서 가져와 벌들을 풀어놓고 시험 삼아 지켜보았다. 그의 짐작대로 역시나 한국에 있을 때보다 몇 배 이상의 수확량을 거둘 수가 있었다.

양봉업자는 태국에서의 양봉사업이 성공할 것이라는 강한 자신감을 가졌다. 그는 태국의 한 공원 인근 야산에 전 재산을 투자해 양봉사업을 시작했다. 물론 꿀벌은 모두 한국에서 가져왔다.

그런데 시간이 지나자 꿀벌들은 더 이상 꿀을 모으지 않았다. 자연환경이 좋아 사계절 언제 어디서나 꿀을 얻을 수 있으므로 더 이상 벌통에 꿀을 모을 필요가 없다는 사실을 꿀벌들이 알아차린 것이다. 한국에서 공수해 온 꿀벌들이 태국 꿀벌들처럼 벌통 주변에 모여앉아 게으름을 피우게 되자 양봉업자는 전 재산을 잃고 큰 손해를 보게 됐다.

상심한 양봉업자는 1년 뒤 귀국했다. 그는 태국에서 가져온 벌통들을 고향 야산에 던져두었다. 그런데 놀랍게도 꿀벌들은 다시 벌통에 꿀을 모으기 시작했다. 양봉업자는 몇 년 후 다시 부자가 되었다.

사계절 내내 온실에 갇혀있다 보면 결코 부지런한 꿀벌이 될 수 없다. 꿀벌에게는 겨울이라는 위기가 있기에 봄, 여름, 가을이라는 준비의 계절이 존재하는 것이다.

⚜⚜⚜

"위기는 어쩌면 자신감을 회복하는 긍정의 에너지가 될 수도 있겠어요."

"그렇지. 우리의 내면에서 소리치는 여러 가지 에너지 중 긍정의 것만 밖으로 이끌어내면 위기는 한낱 작은 태클에 불과할 것이다. 그리고 위기의식은 때로 자신을 위한 점검의 시간이 될 수 있겠지. 예상할 수 없는 장애를 대비해서 우리는 더욱 철저하게 미래를 준비할 수 있을 테니까 말이야."

오늘 아침 두 사람이 함께 뿌리째 뽑은 꽃나무처럼 썩어가는 한 그루의 나무를 그대로 방치한다면 다른 나무에게도 병을 옮겨 해를 주게 된다. 하지만 썩은 나무를 미리 뽑으면 다른 꽃나무들이 잘 자랄 수 있는 환경이 될 것이다.

"태산아, 우리가 아침에 뽑은 썩은 나무 덕에 다른 녀석들이 쾌적한 환경을 맞이하겠구나. 그리고 다른 나무들은 자신들도 썩어서 뿌리째 뽑힐 수 있다는 위기감을 가지게 되겠지? 바로 위기가 있기 때문에 저런 식물도 스스로 견뎌낼 자생력을 키우게 되는 것이다."

"아저씨도 참……. 나무가 위기를 느낄 수 있겠어요?"

"태산아, 너는 이번의 작은 위기를 통해 자신만의 면역력을 키우게 될 것이다. 아마도 다음 위기가 올 때는 그 면역력으로 인해 너는 꼭 어려움을 지혜롭게 이겨낼 수 있을 거야. 어서 들어가자. 시원한 수박이 우릴 기다리고 있을 게다."

♠ 자신감 카드 3

위기는 현재의 문제를 바로 알 수 있는
더없이 좋은 기회다.
그러므로 자신감이라는 면역력을 기르는
긍정의 에너지로 키워내라.

네 번째 이야기

선행

축구 경기에서 홈팀의 승률이 높은 것은
선수들을 응원하는 수많은 관중의 함성이 있기 때문이다.
그들의 응원소리는 선수들에게 자신감을 북돋워준다.
내 인생의 경기장도 마찬가지다.
나를 응원하는 관중들로 경기장을 가득 채울 수 있다면
인생이라는 경기에서 승리할 확률도 높아질 것이다.

거실 탁자를 두고 장 선생과 태산이 마주앉았다. 장 선생이 잘 익은 수박을 먹기 좋게 썰어 태산에게 한 쪽 건넨다. 수박 한 쪽을 시원스레 베어 물더니 태산은 연신 찬사를 보낸다.

"이야, 수박이 이렇게 맛있는지 몰랐는데요."

시골에서 먹는 수박 맛은 그야말로 일품이다. 입 안 가득히 퍼지는 수박 향과 단맛이 적당히 섞여 감탄사가 절로 나온다. 과일은 아침에 먹어야 한다며 장 선생이 내온 것이다.

새삼스레 느낀 수박 맛처럼 태산의 눈에는 어제와 다른 자신감이 서려 있었다. 장 선생은 그런 태산의 눈을 응시하며 먹던 수

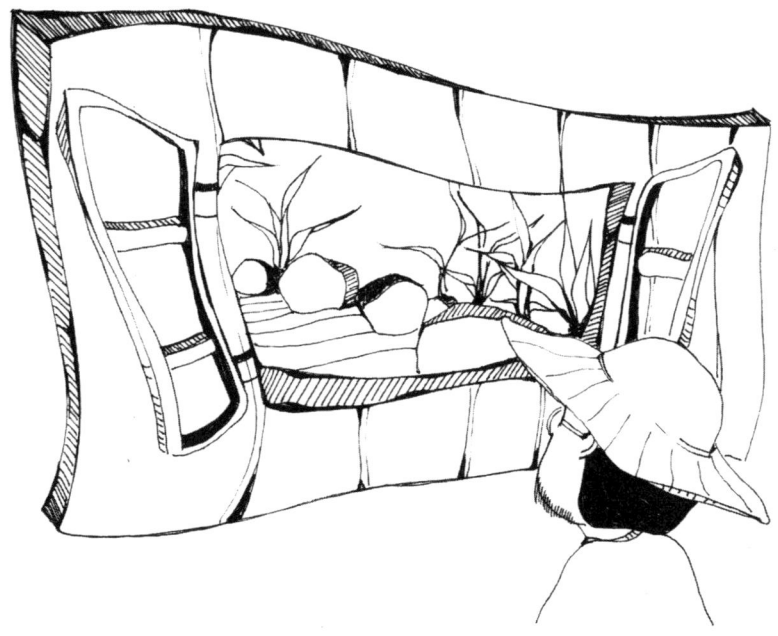

박을 쟁반에 내려놓고 목에 두른 수건으로 손과 입가에 묻은 단물을 훔쳐냈다. 장 선생의 시선이 쑥스러운 듯 태산은 눈길을 돌려 도서관 앞마당의 정원을 바라본다.

"아저씨, 도서관 앞뜰의 나무며 화초들을 잘 가꾸셨군요. 시골 정원은 언제나 우리에게 돈으로 살 수 없는 만족을 주는 것 같아요. 먹고 사는 문제만 해결된다면 저도 이런 곳에서 여유롭게 살고 싶네요."

"네 말이 맞다. 저기 정원에 옹기종기 모여 있는 화초와 나무, 돌멩이는 충분히 만족감을 주지. 그런 만족감을 주지 않는다면 내가 매일 일일이 돌보고 가꾸지는 않았을 게다."

장 선생의 이야기는 태산의 고개를 끄덕이게 만들었다. 그렇다. 남에게 만족을 줄 수 있어야 내가 원하는 것을 얻을 수 있다. 이름 없는 돌멩이 하나, 화초 한그루일지언정 장 선생의 정성어린 손길이 닿지 않았다면 저처럼 빛나지는 못했을 것이다. 도서관 앞마당의 잘 정돈된 풍경은 장 선생과 화초, 돌멩이들이 서로에게 만족을 주고받은 결과인 것이다.

"너는 살아오면서 누군가에게 만족을 주었던 기억이 있느냐?"

"갑자기 그런 질문을 하시니까 잘 생각이 나지 않네요. 그러고 보면 내 자신이 만족스럽지 못하다 보니 다른 사람에게 만족을 준다는 생각은 꿈에도 하지 못했습니다."

"네가 판매실적이 나빠서 이번 부진자 교육에 차출된 것은 안 된 일이다. 그 일로 인해 네가 몹시 좌절하고 있다는 것도 잘 안 다. 그래, 그런 상황에서 남을 생각한다는 게 쉬운 일은 아니지."

태산은 장 선생의 위로에 잠시 잊었던 자신의 처지가 생각나 왠지 마음이 울적해졌다. 사실 요즘 들어 태산의 일상은 불만과 원망으로 가득 차 있다. 이번 교육 일만 해도 그랬다. 어쩌다가 자신의 운명이 이런 상황에 처했는지……, 태산은 심한 좌절감 에 저도 모른 채 고개를 돌렸다. 어제 장 선생을 만나기 전만 해 도 돌아가신 아버지를 원망한 것이 한심했다.

"태산이 축구 좋아하지?"

"그럼요. 축구는 열정의 경기죠. 축구 경기를 보고 있노라면 가끔씩 흥분되기도 해요. 선수들은 90분간 쉴 새 없이 뛰니까 입 고 있는 유니폼이 땀에 흠뻑 젖고 무척 힘들 거예요. 사실 그런 모습이 때론 안쓰럽기도 합니다."

이윽고 장 선생이 도서관 앞마당 너머 보이는 학교 운동장을 가리키며 말했다.

"태산아, 저 운동장을 보면 무슨 생각이 드니?"

"글쎄요. 조금 전에 축구 이야기를 하셨으니……, 유니폼을 입고 열심히 뛰는 선수들이 생각납니다."

이번에는 장 선생이 도서관 벽에 걸린 축구 유니폼을 가리키며 말했다.

"관중과 선수."

"관중과 선수라……, 그렇군요. 자신을 지켜보는 관중이 많으면 선수들도 더욱 신명나게 뛸 수 있겠지요."

"그래, 똑같은 유니폼을 입은 선수들 중 관중은 번호를 보고 자신이 좋아하는 스타를 구별하고 환호하지. 넌 세일즈맨으로서 어떤 유니폼을 입고 경기에 임하느냐?"

태산은 어제 장 선생이 들려준 이야기를 떠올렸다. 남에게 보여줄 수 있는 자신만의 유니폼을 입어야 직업이라는 경기장에서 더 열심히 뛸 수 있다고 했다. 그것은 아마도 책임도 함께 입기 때문일 것이다. 장 선생의 다음 이야기가 궁금해진 태산이 얼른 대답했다.

"유니폼. 글쎄요……, 아직은 잘 모르겠습니다. 좀더 자세히 설명해 주시겠어요?"

"그렇다면 네게 우체부 프레드 아저씨의 이야기를 들려주마. 넌 우체부의 직업 정신이 뭐라고 생각하니?"

"그거야 우편물을 정확한 날짜에 정확한 장소에 배달하는 것이지요."

"그래, 네 말처럼 우체부의 직업 정신은 신속 정확한 배달에 있다. 이처럼 맡은 임무에 충실한 것을 가리켜 우리는 담당자 정신이라고도 하지. 그런데 그와 같은 담당자 정신으로 일해서는 다른 사람의 눈에 잘 띄지 않는단다. 왜냐하면 주변에 똑같은 유니폼을 입은 우체부가 너무 많거든."

"그렇다면 프레드라는 우체부는 동료 우체부와는 다른 특별한 방법으로 배달을 했나보군요?"

"그래, 이제야 이야기가 좀 통하는구나."

태산이 흥미를 보이자 장 선생은 우체부 프레드의 이야기를 들려주기 시작했다.

"우체부 프레드는 어느 날 우편물을 배달하다가 어느 집의 현관 앞에 쌓인 우편물과 신문, 우유 등을 보면서 그 집이 며칠간 비었다는 사실을 알게 되었단다. 그래서 우체부 프레드는 그 집의 우편물과 신문, 우유 등을 수거해서 자신의 집으로 가져왔단다. 며칠 후 그 집 가족들은 휴가를 끝내고 집으로 돌아왔다. 기다렸다는 듯 프레드는 자신이 보관해둔 우편물이며 신문, 우유 등을 다시 그 집에 가져다주었단다. 네가 우체부였다면 그런 상황에서 어떻게 했겠느냐?"

"그야 쌓인 물건들은 한쪽에 치워두고 그 위에다가 제가 배달한 우편물을 두었겠죠."

태산의 대답에 장 선생은 웃으며 다시 말을 이어갔다.

"그런데 프레드는 그 집뿐만 아니라 자신이 우편물을 배달하는 모든 집들의 휴가나 출장 계획을 미리 파악한 후 가족들이 집

으로 돌아오는 날에 맞추어 보관했던 물품을 전해주었단다. 그 일이 미국 사회에 알려지면서 많은 기업들이 '프레드 상' 을 만들었다고 한다. 기업들은 서비스 정신이 우수한 종업원들에게 프레드 아저씨의 이름을 딴 '프레드 상' 을 주었지. 그저 평범한 어느 우체부의 선행이 많은 사람들에게 알려지고 주목받은 스타가 된 셈이니 프레드의 가치는 이전과는 확연히 달라졌겠지."

"착한 사람이 복 받았네요."

"그런 셈이지. 그럼 프레드의 유니폼은 어떤 것이었을까?"

"일종의 프로 정신이겠죠. 유니폼에 프로 정신이라고 쓰여 있을 것 같은데요."

장 선생은 고개를 끄덕이며 이야기를 계속했다.

"우체부 프레드의 실화는 진정한 직업 정신을 보여준 이야기다. 주변의 다른 사람들과 어떻게 어울리며 살아야 하는지 삶의 모범답안을 제시하는 좋은 예가 되었단다. 결국 그는 남들이 하지 않은 선행으로 성공한 사람이 된 셈이지."

장 선생의 설명에 태산은 조금 이해가 가지 않는다는 듯 고개를 갸우뚱거리며 물었다.

"다른 사람들에게 주목을 받거나 성공하려면 개인의 능력이 출중하거나 업무 성과가 뛰어나야 하지 않을까요? 그런데 왜 우체부 프레드와 같은 선행을 강조하시는 거죠?"

"프레드와 같은 선행은 오랫동안 사람들의 가슴속에 남기 때문이란다. 그런 선행을 보고 있노라면 다른 사람들까지 삶의 활력을 느끼고 심지어 면역력이 높아지기도 하지. 이것을 마더 테레사 효과Therese Effect라고 한다."

"자신도 모르게 면역력이 생기는 선행이라……."

"선행이 그것을 지켜보는 모든 사람의 생체 면역력을 높여준다는 것을 넌 믿을 수 있겠느냐? 실제로 미국의 한 대학에서 재밌는 실험을 했단다. 참석한 사람들에게 마더 테레사가 인도 어린이들과 함께 생활하며 봉사하는 모습을 지켜보게 했지. 그런 후 그들의 면역 기능을 조사한 결과 참석한 사람들의 생체 면역력이 높아진 것을 증명했단다. 봉사는 남을 위한 일이기도 하지만 그것을 통해 얻는 기쁨은 결국 나를 위한 것이기도 하지. 태산아, 너도 선행을 통해 네 자신의 좌절을 극복할 수 있는 면역력을 키우는 것이 어떻겠느냐?"

태산은 선행의 들음에 잠시 동안 깊은 생각에 잠겼다.

'선행을 통해 좌절의 면역력을 키워라.'

한숨을 내쉬며 또다시 자신을 책망하듯 태산은 장 선생에게 말했다.

"아저씨 말씀을 듣고 보니 제 유니폼이 부끄럽게 보이네요."

"그래, 내 말을 이해해주니 고맙구나. 그럼 이번에는 세일즈맨인 네가 쉽게 알아들을 수 있는 이야기를 해보자꾸나. 고객의 눈에 쉽게 띄는 상품에는 어떤 특징이 있다고 생각하느냐?"

태산은 A전자의 냉장고를 떠올리며 장 선생에게 말했다.

"첫 번째는 품질이라고 생각합니다. 품질이 뛰어나야 물건에 대한 신뢰가 높아져 고객들이 그 물건을 많이 구입하죠. 두 번째는 디자인입니다. 우수한 디자인은 구매욕을 자극하잖아요. 마지막은 서비스가 아닐까요?"

"그럼 너는 이 세 가지 중에서 어떤 것이 가장 중요하다고 생각하느냐? 네 자신을 하나의 상품이라고 생각해 보거라."

태산은 자신이 말한 품질, 디자인, 서비스에 대해 곰곰이 생각해 보았다. 어느 것 하나 중요하지 않은 것이 없어 망설이다 대답했다.

"음……, 품질이라고 생각합니다. 역시 기업은 품질로 살아남아야 하겠죠."

"틀린 말은 아니다. 그런데 꼭 그렇지만은 않은 것 같다. 가령 놀이공원과 같이 서비스 업종에 근무하는 사람들은 서비스라고 말할 테고, 디자인 회사에서는 디자인이라고 주장할 테지. 자신에게 무엇이 가장 중요한지를 알아야 회사에서 주목받을 수가 있다는 말이다. 떼 지어가는 들소 무리에서 한 마리가 이탈하면 금세 눈에 띄듯, 남과 다른 유니폼을 입고 있어야 먼저 주목받게 되는 이치란다. 우체부 프레드의 이야기에서 볼 수 있는 유니폼의 색깔은 선행이 묻어나는 서비스였다. 네가 앞으로 살아가면서 독점권을 확보하기란 쉽지 않을 거야. 기술이라는 것은 언젠가 사라지고 곧 새로운 기술이 탄생하게 마련이다. 하지만 선행이 묻어나는 서비스는 지금 당장 실천할 수 있을뿐더러 아주 오랫동안 사람들의 가슴속에 남으니 그 얼마나 중요한 것이냐.”

태산은 자신이 지난 직장생활 속에서 최선의 노력을 다했음에도 주목받지 못한 이유에 대해 조금씩 이해하기 시작했다.

“우체부 프레드 아저씨와 같은 선행은 다른 사람에게 만족을 주지. 직장생활의 관건이 원만한 대인관계라고 한다면 너는 상대방의 만족을 위해 노력해야 한다. 그것이 가장 오래가는 성공의 비결이야. 심지어는 자신을 희생해서라도 다른 사람의 만족을 위해 노력하길 바란다. 혹여 손해 보는 기분이 들지 몰라도 결국은 그것이 네게도 만족을 가져다 줄 게다.”

태산은 자신이 노력한 것들이 누구에게도 만족을 주지 못했음을 어렴풋이 깨달을 수 있었다. 최선을 다했다고는 하지만 그 최선이 타인에게 만족을 줄 수 없다면 때로는 다른 사람에게는 최악이 될 수도 있을 것이다.

“음……. 아저씨 말씀을 들으니 언젠가 들은 적이 있는 사자와 소 이야기가 생각나네요. 얌전하고 여성스러운 소와 야성적이고 늠름한 사자가 결혼을 했어요. 둘은 서로에게 최선을 다했답니다. 소는 사자에게 싱싱한 풀을 뜯어다 주고 사자는 소를 위해 맛있는 살코기를 준비했지요. 그렇게 둘은 최선을 다해 서로를 배려했지만 결국 무지로 인해 상처만 받고 헤어지게 됐다죠."

"바로 그거다. 네 말처럼 만족이 없는 최선은 자신이나 다른 사람에게 오히려 독이 될 수 있다는 것을 알아야 한다."

태산은 잠시 생각에 잠겼다. 조금 전 장 선생이 한 말을 떠올렸다. '관중과 선수.' 태산은 도서관 벽에 걸린 장 선생의 축구 유니폼을 가리키며 말했다.

"아저씨의 유니폼 넘버가 9번이네요. 관중들에게 아저씨를 알리는 유일한 방법이 9번인 것처럼 지금까지 말씀하신 것은 바로 인생이라는 경기장에서 유니폼이 담고 있는 의미군요."

"그래, 유니폼은 자신을 알리는 아주 좋은 상징이지. 너만의 유니폼을 입고 네 인생의 경기장에서 뛰라는 뜻이다."

"솔직히 저는 다른 사람의 눈에 들 만한 그런 유니폼이 없었던 것 같습니다. 그저 시키는 일이나 주어진 일에만 몰두하는 담당자 유니폼을 입고 있었어요."

"너로 인해 다른 사람이 만족해하는 것을 볼 수 있다면 너는 놀라운 자신감이 생겨날 게다. 그런데 지금 네 인생의 경기장에는 관중을 전혀 동원하지 못한 것 같구나. 축구 경기에서 홈팀의 승률이 높은 것은 선수들을 응원하는 수많은 관중의 함성이 있기 때문이다. 그들의 응원소리가 선수들에게 자신감을 북돋워주는 것처럼 인생의 경기장에서도 마찬가지란다. 나를 응원하는 관중들로 경기장을 가득 채울수록 인생이라는 경기에서 승리할 확률도 높아지는 것이다. 눈을 감아보렴. 그리고 너의 경기장에서 들려오는 관중들의 힘찬 응원과 박수소리에 귀 기울여보렴."

잠시 동안 태산은 지나간 시간들을 회상했다. 부모님의 힘찬 응원소리, 친구들의 웃음, 함께 근무했던 남강그룹의 동료들……. 그러고 보니 한때는 그의 경기장에도 그에게 함성과 박수를 보내는 사람들이 많이 있었다. 다만 태산은 자신의 팬들을 의식하지 못하며 살았고 어느덧 그의 경기장에는 관중이 하나 둘 사라진 것이다.

"아, 정말 눈을 감고 생각하니 제게도 많은 관중이 있었네요. 앞으로 주변 사람들에게 멋진 경기를 보여줘야겠군요. 제가 할 수 있는 가장 쉬운 기술이 선행이라는 것을 새삼 알게 되었어요."

좀더 밝아진 태산의 얼굴을 보며 장 선생은 자신이 경험한 선행에 관한 이야기를 들려준다.

"젊은 시절 교수가 되기 전, 잠깐 동안 기업체에 근무했던 적이 있었다. 교육팀에 있을 때인데 처음으로 여사원들을 데리고 합숙교육을 나갔지. 첫날은 여사원들이 강에서 수상훈련을 끝내고 숙소에서 잠을 잤다. 그날 밤 나는 강가로 나와 흐르는 강물을 보며 많은 생각에 잠겼지. 그 당시 나는 회사생활이 많이 힘들었던 것 같아. 그런데 참 재미있는 일이 벌어진 거야."

태산이 궁금해서 물었다.

"왜요? 아저씨도 프레드 아저씨와 같은 사건이 있으셨나요? 여사원들이 강가에서 물놀이라도 했나보죠?"

"아니. 쓰레기장을 지나가는데 몇몇 여사원들이 수상훈련을 끝낸 후 마른 옷으로 갈아입고는 젖은 옷가지를 쓰레기장에 버려둔 거야. 나는 그것을 수거해서 밤새 빨래를 했지. 그리고 다음날 교육이 끝나고 여사원들에게 빨래한 옷을 찾아주었단다."

태산은 두 눈을 크게 뜨며 말했다.

"아저씨, 참 훌륭하십니다. 아저씨의 선행에 여사원들이 감동했겠군요."

행복한 추억을 떠올리며 장 선생은 20여 년 전 자신의 선행에 감동을 받은 한 여사원의 교육 소감문을 태산에게 들려주었다.

고등학교를 졸업하고 생산직 여사원으로 지난 3년 동안 직장생활을 했습니다. 제가 생산직 여사원이고 고졸이어서 직장생활을 하면서 다른 사람들한테 때론 무시를 당하시기도 했습니다. 그런데 오늘 직장생활 3년 만에 처음 와본 교육에서 1박 2일의 어떤 교육보다도 교육 진행자의 마지막 모습은 정말 감동적이었습니다.

"그 여직원의 소감문이 아저씨에게는 참 의미 있는 기억이겠군요."

"왜 아니겠니? 그 빨래 사건 이후 그 여사원의 소감문은 내게도 큰 감명을 주었단다. 별것 아닌 작은 배려가 다른 사람에게 감동을 줄 수 있다는 걸 깨닫게 해주었으니까. 그로 인해 나는 교육 분야에 더욱 많은 애정을 갖게 되었고, 결국 대학에서 학생을 가르치는 직업을 선택하는데 그 일이 결정적인 영향을 미쳤지. 선행의 경험은 또 다른 일에 대한 자신감을 불러내고 어느새 내 옆에는 성공이 다가온다는 믿음을 갖게 한단다."

태산은 장 선생의 이야기를 들으며 자신에게도 새로운 면역력이 생기고 있음을 느꼈다.

"아저씨의 이야기를 듣는 것만으로도 벌써 자신감이 충전되는 것 같습니다. 오후에는 대왕바위까지 올라가야죠. 오랜만에 정상에서 크게 소리치고 싶네요."

"그러자꾸나. 그보다 이제부터 네가 나에게 선행이 묻어나는 서비스를 실천해 보거라. 하하하."

장 선생과 태산은 함박웃음을 지었다. 태산은 산 정상에서 큰 소리로 외치고 있는 자신의 모습을 상상해 보았다.

♠ 자신감 카드 4

나의 최선이 다른 사람에게는
최악이 될 수 있음을 명심하라.
최선 속에는 만족이 포함되어야 한다.

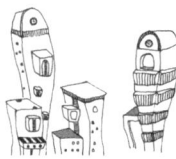

또 다른 이야기

뒷담화

뒷담화는 사람의 영혼을 갉아먹는
열등감의 표현이다.
비좁은 세숫대야에 담긴 게들이
쉽게 탈출하지 못하는 이유는
먼저 나가려는 게를 밑에 있는 게들이
잡아당기기 때문이다.
날카로운 집게를 세우며
앞선 게의 다리를 잡아당기는 모양이
세 사람만 모이면 시작되는 뒷담화와도 같다.

"자, 건배!"

"건배!"

무더운 더위를 단숨에 날리는 직장인들의 건배 소리가 지하 호프집의 탁한 공기를 깨뜨린다. 100평이 조금 넘는 넓은 공간이 양복 입은 샐러리맨들로 만원이다. 초저녁부터 손님으로 꽉 찬 호프집 한쪽 구석에는 비전주식회사 여의도점 직원들이 자리를 잡고 있다. 대략 7~8명의 인원이다.

"역시 여름엔 시원한 맥주가 최고야!"

오 대리가 500cc 잔을 벌컥벌컥 단숨에 들이키더니 감탄사를 늘어놓는다. 오 대리는 영업점의 분위기 메이커이자 주당이다. 약방의 감초처럼 술자리엔 늘 그가 낀다.

"난 소주가 좋은데……. 2차는 요 앞에 포장마차로 가요, 대리님."

"무슨 소리. 여름엔 역시 맥주가 그만이지. 하지만 영미 씨 명령이니까 고려해 보도록 하지, 하하."

관리팀 이영미 씨와 오 대리가 주고받는 말을 듣고 박 과장이 끼어든다.

"어이, 오 대리. 유부남이 2차, 3차 꼬박꼬박 따라가면 쓰나? 자네는 예서 작파하게. 영미 씨는 내가 모시지."

두 사람의 유쾌한 실랑이에 사람들이 웃음을 터뜨린다. 영미가 옆에 앉은 박 과장의 어깨를 치며 한마디 한다.

"누가 박 과장님 보고 2차 가재요? 전 오 대리님 따라갈래요. 노총각은 싫다고요."

좌중에 폭소가 터진다. 500cc 잔으로 2~3잔씩 돌고 나니 분위기가 무르익었다. 차츰 옆 자리에 앉은 사람을 중심으로 두런두런 지방방송이 시작된다. 그러다 이야기는 자연스레 2분기 실적과 본사의 성과급 정책이 어떻게 바뀔 것이냐 하는 문제로 옮겨간다.

"지점장님 이번 분기에도 우리 지점이 꼴찌라는 이야기가 돌던데 그 말이 사실입니까?"

눈치 빠른 오 대리가 좌중의 분위기를 감지하고 지점장에게 질문을 던지자 모두의 시선이 지점장에게 쏠린다.

"지점장님, 우리끼린데 시원하게 말씀해 주시지요."

박 과장이 거들고 나선다.

안색이 살짝 변한 지점장은 잔을 들어 벌컥벌컥 술을 들이키더니 입을 열었다.

"수도권에 속한 지점들 중에서 우리 지점의 실적이 2년 연속 꼴찌인 것은 자네들도 잘 알 거야. 이번에 꼴찌는 면한 것

같네만……."

지점장은 답답한 듯 말꼬리를 내렸다. 뭔가 숨기는 게 있는 듯 오늘따라 지점장의 안색이 영 좋지 않다. 사실 오늘은 아침부터 썩 기분이 좋아 뵈지 않는 지점장을 위로하겠다는 명목으로 만든 술자리다.

"본사에서 뭐라고 한소리 들으셨어요? 우리 지점장님 얼굴에 그늘이 지시다니……."

"그래요. 무슨 일 있어요, 지점장님?"

직원들의 성화에 못 이겨 지점장이 결국 입을 연다.

"어차피 며칠 후에 발표할 테지만 당분간 자네들만 알고 있게. 지금 지점별 실적이 문제가 아니야. 본사에서 지시가 내려왔는데 각 지점별로 실적이 부진한 사람들을 모아 교육을 실시한다는 거야."

지점장의 이야기에 일순 사람들의 얼굴이 굳는다. 분기마다 지역 영업점별로 실적 순위를 발표하지만 사원들은 동기부여 차원에서 형식적으로 실시하는 연례행사쯤으로 받아들인다. 물론 지역 영업점별로 경쟁의식이 있기는 하지만 지점의 명예가 달린 문제 그 이상도 이하도 아니다. 그런데 지점별로 판매 부진자를 가려내 교육까지 시킨다면 실적이 나쁜 사원에게는 불이익을 준다는 뜻이나 다름없다.

"그럼 교육 대상자로 지목된 사람은 어떻게 되는 거죠?"

썰렁해진 분위기 속에서 오 대리가 조심스럽게 입을 열자 박 과장이 퉁을 준다.

"어떻게 되긴 뭘 어떻게 돼, 이 사람아. 교육받은 딱지가 있으니 인사고과에도 당연히 반영되겠지."

박 과장의 말에 직원들이 술렁거리며 동요하자 지점장의 이마에 한 가닥 주름이 깊게 팬다.

"아직 교육을 실시한다는 것 외에 정해진 것은 아무것도 없네."

"에이, 뻔한 것 아닙니까? 좋은 일로 교육받는 것도 아닌데……."

김 대리가 시니컬한 목소리로 불만을 토하자 영미가 지점장에게 묻는다.

"그럼 우리 중에서 누가 교육을 받게 되나요, 지점장님?"

영미의 질문에 잠시 무거운 침묵이 흐른다. 지점장이 난감한 듯 말이 없자 오 대리가 어색한 분위기를 깨뜨리기 위해 나선다.

"자자, 교육은 교육이고 오늘은 마셔야 하지 않겠습니까? 자, 모두 잔 들고 건배합시다."

오 대리의 호들갑에 모두 잔을 들고 건배를 하지만 이미 조금 전 활기찬 분위기는 온데간데없다. 침울한 분위기가 이어지자 누군가 한마디 했다.

"그런데 오늘도 이태산 대리는 보이지 않네."

화제가 회식에 참석하지 않은 태산에게로 돌아가자 박 과장이 비아냥거린다.

"놔두라고. 그 잘난 친구를 술자리에서 왜 찾나?"

"그러게 말입니다. 전 이 대리 옆자린데 하루 종일 한마디 대화도 나누기 힘든 친구라고요."

지점장은 몇몇 사람들이 태산을 씹기 시작하자 미간을 찌푸린다.

"오늘은 회식 자리도 아닌데 왜들 그래? 가볍게 한잔 하자는 거 아니었어?"

"그래요. 그건 지점장님 말씀이 맞아요. 억지로 술 마실 필요는 없잖아요."

영미가 지점장을 거들자 박 과장이 반박한다.

"영미 씨는 그 친구가 회식한다고 하면 참석하는 줄 아나? 매번 이리저리 핑계 대고 빠지기 일쑤지."

박 과장의 말에 오 대리가 맞장구를 친다.

"그건 박 과장님 말씀이 맞습니다. 그 친구 우리와는 다른 세계에 사는 사람 같아요. 사사건건 퉁명스럽고 평소에 잘 웃지도 않죠. 고객이 지점에 방문하면 그 친구 때문에 화가 나서 나갈 정도니 성에도 안 차는 회사는 뭐하러 다니나 싶을 때가 한두 번이 아니라니까요."

그러자 이번에는 김 대리가 태산의 인물평을 한다.

"제가 보기에 그 친구는 너무 여성스러운 게 탈입니다. 영업하는 사람이 호탕하고 시원한 성격이어야 하는데 그 친구는 도통 말이 없는 사람이라 그 속을 알 수가 없단 말입니다. 술을 좋아하는 것도 아니고 취미도 없는 사람 같아요."

"너무들 그러지 마세요. 그리고 오 대리님은 말은 바로 해야죠! 지난 번 그 고객은 말도 안 되는 일로 생떼 쓰는 걸 이 대리님이 쫓아낸 거라고요."

영미가 마른 오징어처럼 질겅질겅 씹히는 태산이 불쌍한지 역성을 들자 오 대리가 능글맞게 받아넘긴다.

"아이구, 그러셔? 난 또 영미 씨가 이 대리에게 마음이 있는 줄 몰랐네."

"오 대리님, 정말 이러실 거예요?"

영미가 와락 화를 내자 오 대리가 놀란 체 하며 지점장 옆으로 자리를 옮긴다.

"미안, 미안. 그래도 그 친구 전에 남강그룹에서 꽤나 잘나가
던 사람이었다던데……. 사람이 스케일이 작아서 그렇지 여자들
에게 신랑감으로는 괜찮지 않나?"

그러자 이번에는 김 대리가 입을 연다.

"오 대리, 옛날에 잘나갔던 것하고 지금하고 무슨 상관이 있
나? 여기선 영업 실적이 모든 것을 말해준다고. 그 친구 실적이
나 내 실적이나 무슨 차이가 있는데?"

"김 대리 말이 맞아. 그 친구야 과거가 화려하니 자기 잘난 맛
에 사는가 보지. 그 친구를 몇 년간 지켜봤는데 사는 것이 즐겁지
않은 사람 같더라고. 자기가 뭐 대단한 사람이라고 우리를 가르
치려 한다니까."

박 과장이 김 대리의 말에 전적으로 동의하자 오 대리도 편을
든다.

"그렇죠. 영업하면 우리가 선배인데 말입니다. 그러니 우리 지
점의 애물단지죠. 사실 이곳저곳 다니다 실패한 패잔병들만 모아
놓은 곳도 아니고 지점 분위기가 그 친구 때문에 썰렁해진다고요."

갑자기 분위기가 태산을 씹는 자리로 돌변하자 지점장은 당혹
스러웠다. 태산의 경력을 인정하고 채용한 것은 다름 아닌 지점
장이었다. 태산의 성장배경과 거듭된 실패를 잘 알고 있는 지점

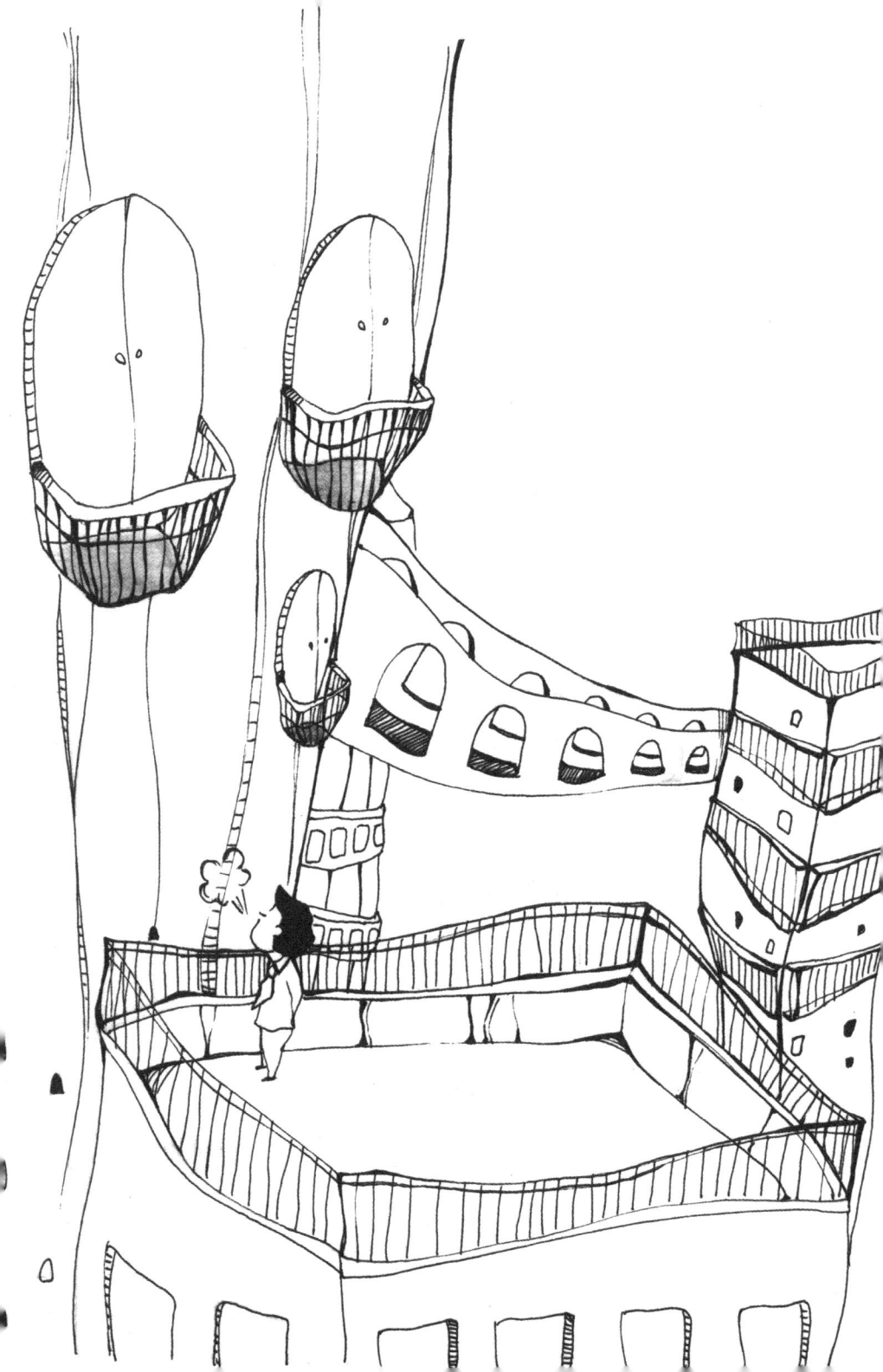

장은 평소 태산을 이해하고 배려하는 입장이다. 자신 또한 대기업에서 부장으로 명예퇴직을 하고 이곳 지점장이 된 터라 더욱 그랬다.

지점장 정대구는 대기업에서 근무한 경험을 바탕으로 영업 실적이 수도권 최하위인 지점을 살리기 위해 몇 년간 고심해 왔다. 그때 눈에 들어온 것이 바로 태산이다. 처음 대구는 태산의 이력서를 보고 많이 놀랐다. 그 정도 경력이라면 어떤 분야에서도 능력을 발휘할 사람이라고 생각했기 때문에 함께 일하자고 했던 것이다. 태산의 실적이 저조해도 그의 잠재력을 믿기에 자신감이 회복되기를 기다렸다.

그런데 회사의 미래를 이끌 인재라고 점찍은 태산은 동료들과 잘 어울리지 못했다. 직원들은 태산이 대기업에 근무했다는 것에 견제의식을 느끼고 있어 동료가 아닌 경쟁자로 대했다. 태산이 조금만 적극적이었다면 그런 어려움쯤은 쉽게 극복했을 텐데 이상하리만치 태산은 동료들과 어울리지 못하고 겉돌기만 했다.

그때 박 과장이 대구의 상념을 깨뜨리며 이렇게 제안한다.

"지점장님, 이번 교육에 이태산 대리를 보내는 게 어떨까요?"

대구는 동료 간의 경쟁의식 속에서 태산이 희생자로 전락하고 있음을 직감할 수 있었다.

"이 사람들, 태산 씨 없다고 너무하는 거 아냐? 그 친구 한때는 잘나갔어도 참담한 실패를 겪은 사람이네. 같은 식군데 서로 이해하고 도와줘야지. 자네들도 생각해 보게. 실패가 클수록 그만큼 노력도 해야 하고 시간도 필요한 법이야."

그러나 박 과장은 쉽게 물러서지 않았다.

"그러니까 이태산 대리를 보내자는 겁니다. 바람도 좀 쐬고 충전도 할 겸 이 대리에게는 여러 모로 전환점으로 삼을 수 있는 계기가 되지 않을까요?"

오 대리가 손뼉을 치며 거든다.

"그거 좋은 생각입니다. 이참에 그 친구 영업이 뭔지 제대로 배울 필요가 있어요. 사실 연차로 따져도 그 친구가 교육을 받으러 가는 게 당연합니다. 같은 대리지만 제가 6년차, 김 대리가 7년차니까 엄연히 우리가 선배죠."

"그렇습니다. 이 대리가 영어나 잘하지 어디 영업의 ABC를 제대로 알기나 합니까?"

오늘따라 박 과장이 격앙된 목소리로 강력하게 주장을 펴자 대구도 그들의 의견을 무시할 수만은 없다고 생각했다. 사실 태산의 실적이 하위권인 것은 사실이다. 대기업 근무 경력자에 대한 기대감은 크기 마련이다. 기대한 만큼이라면 남들보다 두 배

이상의 성과를 내야 하는 것이다. 그런데 태산은 주변의 기대와는 달리 그저 평범한 실적을 보여주었다. 더욱이 입사 초기부터 동료나 선배에게 도움을 요청하는 일이 드물어 세일즈맨들에게는 상식이라고 할 수 있는 노하우마저 모르는 일이 다반사였다. 의도가 불순하기는 하지만 그들의 말처럼 이번 교육이 태산에게 심기일전의 계기가 될지도 모르는 일이다.

정대구는 지끈거리는 이마를 감싸며 타는 속을 추스르려고 물 한잔을 마신다.

"자네들 의견은 잘 알았네. 하지만 이번 교육 대상자의 기준은 철저히 실적 순이라는 것을 잊지 말게. 자네들도 충분히 그 대상자 안에 포함될 수 있다는 소리네. 아무튼 이 일은 심사숙고해서 공정하게 처리하도록 하지."

대구는 태산에 대한 반발이 이 정도인 줄은 몰랐다. 신중한 박 과장이 그렇게까지 강력하게 태산의 판매 부진자 교육을 주장하는 걸 보면 둘 사이에 문제가 있는 것이 틀림없다. 이번에는 태산을 배려하기 어렵다는 것을 대구는 직감할 수 있었다.

다섯 번째 이야기

모델

대나무가 거센 바람에 쓰러지지 않는 까닭은
땅 밑으로 자란 줄기가
다른 대나무의 줄기를 잡고 지탱하기 때문이다.

　장 선생은 책장 서랍에서 빛바랜 엽서 한 장을 꺼내 태산에게

보여주었다. 미국에서 온 대나무 그림엽서다. 태산은 소리 내어

장 선생이 건넨 엽서의 내용을 읽어 내려갔다.

선배님, 잘 지내고 계시죠?
미국에서 공부하고 있는 장영진입니다. 공부하다가 힘들어질 때면 선배님 책이
큰 힘이 되어 준답니다. 미국에 오기 전에 선배님을 조금 더 오랫동안 알고 지
냈다면 좋았을 걸 하는 아쉬움이 듭니다. 저는 요즘 매일 반복되는 아르바이트
와 공부로 눈코 뜰 새 없이 바쁜 나날을 보내고 있습니다. 다음 달에는 목표한
학교에 입학할 예정입니다. 모두 선배님 덕분입니다. 이곳에서 물주기 잘하고
있습니다. 건강하세요.

미국에서 장영진 올림

태산은 장 선생이 보여준 엽서를 읽고 난 후 어리둥절한 얼굴로 물었다.

"아니, 이건 아저씨가 보낸 엽서 아닌가요?"

"그래, 내 엽서가 맞다."

장 선생은 짐짓 태연한 얼굴이다. 태산에게 퀴즈라도 내는 양 재미있는 모양이다.

"그런데 어떻게 자신이 자신에게 엽서를 쓰셨어요?"

"그럴 리가 있겠느냐. 이건 내가 미국에 가서 공부를 시작했을 때 나의 스승인 오성민이란 선배에게 보냈던 엽서다. 오 선배는 내가 한국에 다시 왔을 때 이 엽서를 돌려줬단다."

"그 오 선배라는 분이 아저씨께는 특별한 분인가 보군요."

"오 선배는 내 인생을 바꿔놓은 분이다. 누구에게나 인생에서 커다란 영향을 미치는 사람을 만날 때가 있단다. 그때 어떤 선택을 하느냐에 따라 인생이 바뀌곤 하지. 네게는 지금까지 아버지가 그랬다면 내게는 오 선배가 그런 사람이었지."

"그런데 이상하네요. 그분은 받은 엽서를 왜 돌려줬을까요?"

태산이 궁금증을 참지 못하고 장 선생을 재촉한다. 장 선생은 대답 대신 기다리라는 손짓을 하고는 차를 내왔다. 그리고 잠시 뜸을 들이더니 이야기를 계속했다.

"녀석, 궁금한 걸 참지 못하는 그 성격은 여전하구나. 오래 전 일이지만 내 인생에서 결정적 순간을 찾으라면 단연 오 선배를 만났을 때라고 이야기할 수 있지. 들어보렴."

장 선생의 모델
안내자의 조언이 성공의 씨앗이 된다

포성공고 30주년 기념 총동문회가 있던 L호텔 컨벤션센터에서 장 선생은 오성민을 처음 보았다. 오성민은 포성공고 30주년을 기념하는 자리에서 학교를 빛낸 자랑스러운 동문으로 초대를 받았다. 그가 경영컨설턴트가 되기까지의 인생역정이 이미 자서전을 통해 소개되었기에 그에 대한 동문들의 관심은 남달랐다.

"자, 여러분. 지금부터 34기 오성민 동문의 기조강연이 시작되겠습니다. 오성민 동문은 본교를 졸업하고 LK그룹에 생산직 사원으로 입사하여 15년간 근무를 하셨습니다. 또 지난해 H대학에서 경제학 박사학위를 취득하셨으며 현재는 경영컨설턴트이자 직장인 경력계발 전문가로 활동 중이십니다. 오늘 강연 주제는 '지식 사회에서의 경력계발 전략' 입니다. 오성민 동문께 뜨거운 박수 부탁드립니다."

그날 오성민은 졸업생을 대표해 기조강연을 했다. 오성민의 강연이 그리 특별한 것은 아니었다. 그러나 고등학교를 졸업하고 사회에 첫발을 내딛은 이후 경영컨설턴트로 성공하기까지 쉼 없이 달려온 그의 노력은 많은 동문들에게 감명을 주기에 충분했다. 장 선생은 진정성이 담긴 그의 강연에 깊은 감명을 받았다.

장 선생은 몇 개월 후 오성민의 사무실을 찾아갔다. 오성민은 처음 보는 후배의 기습 방문을 기꺼이 맞아주었다.

"그날 선배님 강의를 듣고 제 자신이 부끄러웠습니다. 솔직히 포성공고를 졸업하고 지금껏 별다른 생각 없이 살아왔거든요. 주변에 있는 우리 동문들 모두가 그랬습니다. 직장생활 몇 년씩 해도 만족스러울 만큼 지위가 올라가거나 생활이 나아지는 것도 아니니까요."

오성민을 대하는 장 선생의 태도는 마치 굶주린 늑대와도 같았다. 불만이 배어 있는 그의 목소리는 얼핏 오성민의 성공을 시기하는 것처럼 들렸다. 그러나 오성민은 다짜고짜 해답을 구하는 후배의 무례함을 웃음 띤 얼굴로 받았다. 인생에서 성공한 사람이 그렇듯 그에게서는 승자의 여유가 묻어났다. 오성민은 상대를 압도하기보다는 편안하게 만드는 사람이었다.

"동문이라는 걸 제외하면 일면식도 없는 자네가 날 찾아온 걸 보니 현실을 바꾸고 싶다는 의지가 강해 보이는군."

"강단에 선 선배님을 본 순간 한마디로 제 삶이 혼란스러웠습니다. 같은 조건에서 시작했는데 어떤 사람은 왜 나와 다르게 살수 있는지 궁금했습니다. 저는 다르게 살고 싶습니다."

"그래, 나를 본 이후 어째서 그런 생각이 들었지?"

오성민의 질문에 장 선생은 망설임 없이 대답했다.

"지금까지 제 자신이 처한 현실을 바꿀 수 있다는 생각은 하지못했습니다. 환경과 배경을 중시하는 이 사회의 벽이 그리 호락호락한 것은 아니니까요. 그래서 자포자기하는 심정으로 그저술에 의지하며 살아왔던 것 같아요. 그렇지만 선배님을 본 순간막연한 희망을 품게 되었습니다. 죄송한 말씀이지만 선배님도했는데 나라고 못하라는 법 있는가, 뭐 그런 생각 말이지요. 아무튼 저와 동등한 조건에서 출발했음에도 뭔가 다르게 살고 계신분은 선배님이 처음입니다."

오성민은 장 선생의 당돌한 모습이 마음에 들었는지 껄껄 웃으며 말했다.

"그러니까 자네보다 특별히 잘난 것 없는 내가 성공을 했다면자네도 못할 것 없다는 생각이 들었다는 말이지? 그리고 내게 무언가 특별한 비법이 있는지 그걸 알고 싶다는 말이구먼. 세상에공짜는 없지만 날 찾아주었으니 내가 만난 두 사람의 이야기를 해주겠네. 자네에게 도움이 될 거야."

오성민은 두 눈을 빛내며 성공의 비법을 듣고자 찾아온 후배를 위해 그가 만난 두 사람의 이야기를 들려주었다.

오성민이 경제학 전문가로 알려지면서 많은 사람들이 그의 사무실에 찾아와 경력관리에 관한 자문을 구했다. 한번은 골프장에서 직원들의 서비스 교육을 담당하는 직원이라고 자신을 소개한 미모의 한 여성이 오성민에게 경력관리에 대해 상담을 받으러 온 적이 있었다.

"선생님을 뵙고 나니 마음이 후련합니다. 말씀하신 몇 가지 지적사항을 가슴에 새겨 앞으로 잘 관리해야겠군요. 두고 보세요. 저의 스승이라 생각하고 하나씩 준비해서 꼭 저만의 경쟁력을 보여드리겠습니다."

오성민은 그녀의 결연한 다짐과 의지를 지켜보며 지금 같은 마음이라면 꼭 성공할 수 있을 것이라며 격려했다.

그 여성은 오성민의 조언대로 한 달간 읽어야 할 책들이며 그 책에 대한 자신의 소감 등을 정리해서 오성민에게 보내왔다. 그리고 자신의 변화과정을 자세히 설명했다. 그때마다 오성민은 그녀를 칭찬했고 다음 단계에 필요한 목표나 과제에 대해 알려주었다. 그러나 그녀와의 관계는 한 달을 넘지 못했다. 한 달이 지나자 더 이상 그녀에게서 어떤 연락도 없었으며 어떤 성공담도 들려오지 않았다. 그녀의 성장 시계는 그렇게 멈췄다.

오성민은 그 여성의 이야기를 끝내자 장 선생에게 물었다.

"자네, 혹 중국 대나무 이야기를 아는가?"

장 선생은 대나무를 본 적은 있어도 대나무와 관련된 이야기는 잘 모른다고 말했다.

"첫해에 땅에다 대나무 씨앗을 뿌리고, 물과 거름을 주고 정성을 기울여 가꾸지만 중국 대나무는 4년이 흘러도 땅에서 싹이 나지 않고 아무런 변화조차 없지."

성급한 장 선생이 물었다.

"무슨 그런 씨앗이 다 있습니까? 죽었는지 살았는지 모르는데 어떻게 4년 동안이나 물을 주면서 기다립니까?"

"글쎄, 들어보게. 5년째 계속 물과 비료를 주면 이 중국 대나무는 드디어 성장을 시작해서 6주만에 27미터까지 자라 하늘을 찌를 듯 커진다네."

장 선생은 두 눈이 휘둥그레졌다.

"그게 정말인가요?"

"그렇다네. 나는 그 여성에게 대나무를 키우는 방법을 말해주었다네."

"그럼 그 여자 분이 물주기를 포기한 겁니까?"

오성민은 장 선생의 대답을 예상했다는 듯 고개를 저으며 말했다.

"아니. 물주기를 포기한 것이 아니라 씨앗도 뿌리지 않았지."

"물도 주지 않고 씨앗도 뿌리지 않았다면 그 여성은 한 달간 무슨 일을 한 거죠?"

"나는 그녀에게 땅에다 거름을 주고 다시 오라고 했는데 아마도 거름 주는 일이 많이 힘들었나봐."

"재밌는 말씀이네요. 왜 처음부터 거름을 주고 오면 대나무 씨앗을 주겠다고 말씀하시지 않으셨어요?"

"비단 그 여성뿐만 아니라 많은 사람들이 나에게 찾아와 자신의 인생이 걸린 문제들에 대해 자문을 구하곤 하지. 하지만 대나무 씨앗을 준다고 치더라도 기름진 땅이 아니면 씨앗은 자랄 수가 없네. 어떤 이는 거름주기가 필요한 사람도 있고 어떤 이는 씨앗이 필요하기도 하다네. 또 그 중에는 대나무 묘목을 바로 심어도 될 만큼의 능력을 가진 사람도 있지. 나는 그녀에게 지금 필요한 것은 대나무 같은 높은 이상보다는 지금 당장 기름진 땅을 준비하는 것이라고 말해주었지. 그러나 그녀는 그 높은 정상까지 어떻게 자랄까 걱정만 가득했다네."

오성민의 설명에 장 선생은 한숨을 내쉬며 말했다.

"역시 성공에 이르는 길은 멀고도 힘든 인내를 필요로 하나 보군요. 제가 그녀였더라도 선배님과의 약속을 지키기는 쉽지 않았을 것 같습니다."

오성민은 정색을 하며 말했다.

"그러니까 안내자가 필요한 것이라네. 안내자의 중요성을 잊으면 어느덧 자신감을 잃게 되는 거야. 혼자 걷다보면 무서운 것이지. 그녀는 나에게 물어보는 일을 게을리 했던 거야."

장 선생이 생각에 잠긴 듯하자 오성민은 LK그룹 비서실에서 근무했던 김 과장이라는 사람의 이야기를 들려주었다.

"이번에는 같은 회사에서 근무했던 동료의 이야기네. 김 과장은 나와 나이가 비슷했지. 한번은 사무실로 찾아와 자신의 꿈은 경영컨설턴트가 되는 것이라며 그 비결을 나에게 물었다네. 그래서 여러 가지 조언을 했지. 내가 보기엔 아주 우수한 재능을 가진 사람 같아서 확신 있게 그에게 말해주었지."

"그래서 김 과장이라는 분은 어떻게 됐나요?"

"회사를 그만두고 경영컨설턴트가 됐다네. 큰 도움을 준 건 아니지만 이곳저곳 내가 아는 고객사에 소개도 하고 주기적으로 만나 식사도 하며 많은 대화를 나누었지. 그는 15년 가까이 다니던 회사를 그만두니 막막했는데 나로 인해 큰 힘이 된다고 했지."

장 선생은 오성민이 드디어 대나무 씨앗을 그 사람에게 주었다고 생각했다.

"아, 그럼 선배님이 김 과장이라는 분에게 씨앗을 준 것이네요. 그분은 앞으로 그 씨앗을 가지고 물주는 노력만 하면 되겠군요."

그러나 장 선생의 생각은 빗나갔다.

"아니. 김 과장은 처음부터 대나무 묘목을 가지고 있었다네."

"그래요? 그럼 선배님은 김 과장에게 뭘 주신 건가요?"

오성민은 장 선생의 질문에 조금은 편치 않은 듯 찻잔을 만지작거리며 말했다.

"그는 좋은 대나무 묘목을 가졌지만 지금은 그 묘목을 대나무 숲에서 키우지 않는다는 것이 문제라네. 그는 처음 낯설고 생소한 땅에 대나무를 심었지. 하지만 알고 보면 그 땅은 내가 이미 가꾸어 놓은 기름진 대나무 숲이라 할 수 있다네."

"그럼 그곳에서 잘 자라지 않아 다른 곳으로 옮긴 건가요?"

오성민은 가볍게 한숨을 내쉬며 두 번째 이야기의 핵심을 이야기했다.

"김 과장이 안내자에 대해 감사할 줄 모르는 사람이라는 것을 시간이 흐른 다음에 알게 됐지. 나는 안내자로서 땅을 제공하고 잘 키우는 방법에 대해 말해주었네. 역시 내 예상대로 조금 있으니 김 과장의 대나무는 잘 자라더군. 그런데 자네는 아는가? 대나무 숲이 모진 바람에도 넘어지지 않는 이유를."

"글쎄요. 굉장히 큰 대나무가 바람에 쓰러지지 않는 것을 저도 본 적이 있지만……. 아마도 뿌리가 깊어서 그런 게 아닐까요?"

"대나무는 위로 자라는 것 같지만 사실 땅 아래로 줄기가 자란다네. 땅 밑으로 자란 그 줄기는 다른 대나무의 줄기를 잡고 서로 지탱하지. 그래서 대나무는 바람에 강할 수밖에 없다네. 김 과장은 자신의 대나무가 내 것보다 커졌다고 생각하자 다른 숲에 자신의 대나무를 옮겨 심었지. 땅 아래서 줄기를 잡아준 다른 대나무의 고마움을 기억하지 못하고 땅 위로 자란 자신의 줄기만 본 셈이지."

장 선생은 두 번째 이야기를 듣고 깨닫는 것이 있었다.

"그렇군요. 두 번째 이야기는 자신을 붙잡아준 안내자에게 감사하는 마음이 얼마나 중요한지에 대한 교훈이군요."

"그렇지. 안내자와 줄기의 관계를 생각해 보면 이해가 될 거야."

"줄기 관계라……. 영어로 말하자면 네트워크네요."

"자네는 이해가 참 빠르군. 대나무가 세찬 바람에도 용감한 것은 땅 아래의 줄기들이 서로 붙잡고 있기 때문이라는 것을 기억하게."

"음, 인간도 대나무처럼 땅 아래의 줄기와 줄기가 서로를 잡아주며 함께 성장해 온 것이군요. 그것이 땅 아래에 있기에 그 소중함을 잊고 살아온 셈이네요. 선배님 말씀을 듣고 보니 저 역시 지금껏 혼자 살아온 것은 아니라는 생각이 듭니다."

오성민의 이야기를 들으며 장 선생의 도전적인 태도는 차츰 수그러들었다. 오성민은 차를 한 모금 마시고 다음 이야기를 계속했다.

"자네, 중국 대나무가 27미터로 자라는 데 얼마나 걸린다고 생각하나?"

"그야, 조금 전에 5년째 되는 해에 6주 만에 27미터까지 자란다고 하셨으니 6주라는 기간 동안 27미터나 자란 셈이죠."

"틀렸네. 중국 대나무는 6주 만에 자란 것이 아니라 5년 동안 자란 것이네."

장 선생이 오성민에게 물었다.

"왜죠?"

"씨앗이 자라기 위해서는 4년간의 물주기와 거름주기가 필요하다네. 줄기가 땅 위에 나오지 않는다고 해서 물주기를 그만두면 씨앗은 말라 죽고 말지. 결국 대나무는 씨앗 상태에서 4년이라는 세월 동안 자라고 있었던 것이라네."

"그럼 저도 앞으로 줄기가 날 때까지 물주기를 하면서 참으라는 말씀입니까? 확실한 보장만 있으면 어떻게든 참아보겠습니다만 사람 일이라는 게 마냥 기다릴 수 있는 것은 아니잖아요."

오성민이 말했다.

"사람들이 어떤 목표를 가지고 있어도 자주 포기하는 것은 자네 말처럼 확실한 보장이 없기 때문이지. 하지만 성공한 사람과 실패한 사람의 차이는 누가 먼저 물주기를 포기하느냐에 따라 나타나는 결과라네. 헬렌 켈러는 태어난 지 1년 8개월 만에 뇌막염으로 인해 눈과 귀가 멀고, 말까지 못하는 장애인이 되었지. 끔찍한 고통 속에서도 그녀는 장애를 극복하고 하버드 대학에 입학했고 평생 장애인을 위한 사회운동가로 살지 않았는가. 자네는 헬렌 켈러의 저력을 무엇이라 생각하는가? 그것은 설리번이라는 훌륭한 스승의 안내에 따라 물주기를 포기하지 않은 끈기라네. 결국 성공의 반대말은 실패가 아니라 포기인 셈이지."

장 선생은 오성민의 이야기를 들으며 인상 깊은 한 문장을 떠올릴 수 있었다.

'성공의 반대말은 포기다. 즉, 물주기를 포기한 것이다.'

한참 동안 물주기의 중요성에 대해 이야기를 들은 장 선생은 조금 풀죽은 목소리로 오성민에게 말했다.

"선배님, 그럼 저는 묘목이 없군요."

"그래, 아쉽지만 자네는 지금 묘목이 없어. 한낱 콩알보다 작은 씨앗도 없이 살아가고 있지."

"제가 설령 씨앗을 얻어도 씨앗은 기름진 땅을 만나야 성장할 수가 있다고 하셨으니 땅이 없는 것도 문제군요."

장 선생은 오성민이 말했던 그 여성과 같은 심정이었다. 도대체 언제 기름진 땅을 찾아 성공의 씨앗을 뿌리고 대나무가 크기를 기다린단 말인가. 그런데 의외의 대답이 돌아왔다.

"자네는 이미 기름진 땅 위에 서 있네."

"정말요? 전 아무것도 한 게 없는데 그럴 리가요?"

"이미 성공한 많은 사람들이 이 세상을 기름진 땅으로 만들어 놓았네. 단지 자네는 그 사실을 모르고 있을 뿐이야."

오성민은 자리에서 일어나 자신의 책상 위에 놓여 있던 한 권의 책을 가져왔다.

"내가 쓴 이 책을 보게. 이 책의 A5 사이즈가 기름진 땅의 최소 단위라네."

장 선생은 오성민의 이야기를 듣자마자 오성민이 저술한 자기계발서를 테이블 위에 올려놓고 한참 동안 살펴보았다.

"이게 기름진 땅이라고요?"

오성민은 장 선생이 보고 있는 책을 가리키며 말했다.

"자네는 앞으로 이 책을 통해 인생의 씨앗을 가꾸게 될 거야. 책을 열어보게. 이 책은 자네에게 좋은 안내서가 되어 줄 거야. 책 한 권의 크기는 A5 사이즈에 불과하지만 앞으로 자네가 읽은 책을 바닥에 펼쳐두었을 때 그 크기만큼 지식의 영토는 확장될 걸세. 첫 번째는 누가 영토를 많이 차지하느냐 하는 것이고, 두 번째는 과연 그 영토 위에 씨앗을 뿌리고 꾸준히 물주기를 할 수 있느냐에 달려 있지. 그래야만 나중에 열매를 수확할 수 있다네. 결국 지루함을 견뎌내는 사람만이 성공할 수 있다네."

오성민과의 만남이 있은 후 장 선생은 자취방으로 돌아와 소주병을 모두 치웠다. 저녁마다 함께 했던 술친구는 그렇게 사라졌다. 익숙한 것들과의 멀어짐을 반복하면 반복할수록 장 선생은 어두운 터널을 혼자 걸어가는 것 같았다. 그러나 터널의 어두움이 깊어질수록 저 멀리 보이는 터널 끝은 차츰 밝게 빛났다.

한 달 후 장 선생은 결심이라도 한 듯 오성민에게 연락을 취했다.

"선배님, 씨앗을 가져왔어요."

장 선생은 오성민에게 한 권의 노트를 꺼냈다. 그곳에는 장 선생의 꿈이 적혀 있었다.

오성민은 장 선생에게 물었다.

"이걸 씨앗으로 생각한다는 건가?"

장 선생은 당장이라도 꿈을 이룬 듯 흥분된 목소리로 말했다.

"앞으로 제 영토에서 키우고 싶은 나무들입니다. 제게 묘목은 없지만 이런 씨앗을 뿌리고 하나씩 물을 주며 키워나가겠습니다."

"아주 높은 대나무를 상상했군. 그럼 구체적인 계획은 뭔가?"

"우선 미국에 유학을 가서 다시 물주기를 시작해야겠어요."

오성민은 조금 걱정스러운 표정으로 물었다.

"왜 하필 미국인가? 회사생활 하면서 틈틈이 물주기를 해도 되지 않은가. 너무 큰 대나무를 상상하는 것은 아닌가?"

"제가 미국으로 유학을 떠나는 이유는 말씀드린 대로 익숙한 환경에서 벗어나려는 것입니다. 두 번째는 하나뿐인 누님이 미국으로 시집을 갔어요. 지금 제 주변에서 땅 아래의 줄기를 가장 힘차게 잡아줄 수 있는 또 다른 줄기는 누님인 것 같아요."

오성민은 고개를 끄덕이며 말했다.

"그래, 이런 꿈을 가지게 된 가장 큰 이유는 뭔가? 참 대단한 꿈같네."

"그건 선배님 때문입니다."

"나라고? 어째서 내가 자네의 씨앗에 영향을 주었지?"

장 선생은 대나무 엽서를 하나 꺼내들고 오성민에게 보여주었다.

"선배님을 보면서 저는 자신감이 생겼어요. 선배님이 걸어간 길을 제가 그대로 따라간다면 해낼 수 있다는 용기가 생겼습니다. 선배님은 제 인생의 모델과 같은 분입니다. 제 인생의 완성품을 미리 보는 듯합니다."

오성민은 장 선생의 말에 손뼉을 치며 말했다.

"내가 자네 인생의 모델이라고 생각해 주다니 고맙군. 그렇다면 이제부터 대나무를 키우면서 궁금한 게 생기면 나에게 물어보게나. 내가 그 방법을 확실히 안내하겠네."

⚜⚜⚜

이야기가 끝나자 장 선생이 태산에게 다시 대나무 그림엽서를 보여주며 말했다.

"이 엽서는 내가 미국에서 박사 학위를 받고 한국에 돌아왔을 때 오 선배가 돌려줬단다. 무려 10년 만의 일이지. 그때 나는 모 대학의 교수로 임용이 결정되어 있었지. 오 선배는 내가 10년 전 노트에 썼던 꿈을 이룬 것을 축하한다며 나의 노력을 치하했지. 그분이 내게 엽서를 돌려준 뜻은 교수가 된 후에도 초심을 잃지 말고 물주기를 계속하라는 의미가 담겨있단다."

장 선생은 깊은 감회에 젖은 얼굴이었다. 태산은 유학하는 동 안 장 선생이 얼마나 많은 어려움을 겪었을지 짐작할 수 있었다.

또 오성민이라는 선배가 장 선생이 그러한 어려움을 헤쳐 나갈 수 있도록 든든한 버팀목이 되었을 것이라는 점도 알 수 있었다.

"태산아, 네 인생의 모델은 누구냐?"

장 선생이 다시 현실로 돌아와 물었다.

"글쎄요. 어렸을 때는 막연히 아버지를 닮으려고 했던 것 같지만 아버지가 돌아가신 이후는 없었어요. 지금의 회사에서 그런 사람을 찾기는 더더욱 어렵습니다."

태산은 회사 동료들을 떠올리며 자신도 모르게 냉소를 흘렸다. 태산이 보기에 지금의 회사 동료들은 너무나 책임감이 없다. 적당히 월급이나 받으려 들고 불필요한 회식은 왜 그렇게 많은지, 퇴근만 하면 끼리끼리 모여 회사에 대한 불만과 상사 험담을 쏟아내는 그들이 태산은 영 못마땅했다. 태산에게는 도무지 생각 없이 일하는 사람들처럼 보였다.

"태산아, 인생의 목표가 없는 사람은 생각 없이 사는 것과 마찬가지란다. 그런데 인생의 목표를 정하는 것을 어려워하는 사람들이 있지. 그런 사람이라면 주변에서부터 성공 모델을 찾아보는 것이 도움이 될 게다. 주변에 그런 인물이 없다면 범위를 넓혀 보거라. 때론 그 무리에서 이탈해서 다르게 살아가는 성공한 모델을 통해 자신감을 얻어야 해. 어린 시절 네가 저 앞산 대왕바위까지 올라갈 수 있었던 자신감도 네 아버지라는 훌륭한 모델이 있었기 때문이야. 네가 닮고 싶은 인생의 성공 모델을 찾아라."

장 선생의 이야기는 태산의 가슴에 오랫동안 울렸다.

'나의 성공 모델을 찾아라.'

태산은 엽서를 바라보며 장 선생에게 말했다.

"어제 들려주신 축구 이야기 중 '심판'에 대한 내용이 무슨 의미였는지 조금은 알 것 같아요."

그렇다. 장 선생이 말한 축구 이야기의 세 번째 교훈은 인생의 심판관이 되어줄 수 있는 훌륭한 모델을 찾아야 한다는 것이다. 태산은 부실한 심판의 말만 믿고 열심히 뛸 만큼 자신은 어리석지 않다고 다짐했다. 그 순간 지점장의 얼굴이 떠올랐다.

정대구 지점장⋯⋯.

사실 이번 교육 건으로 다투기 전까지 지점장은 태산에게 잘해준 편이었다. 태산의 경력을 인정해 영업사원으로 채용한 것도 지점장이었고 태산의 잠재력을 인정한 것도 지점장이 유일했다. 다른 동료들은 태산이 대기업에 근무했다는 것에 대해 미묘한 경쟁의식을 느끼는 듯했다. 태산이 회식에 자주 불참하는 것도 못마땅하게 여겼다. 심지어 영업맨의 특성상 호탕해야 하는데 조용히 자기 일만 한다며 색안경을 끼고 태산을 대했다.

태산은 동료들이 자신을 따돌린다는 것을 알고 있었지만 패배자의 시기쯤으로 생각하고 신경 쓰지 않았다. 다만 지점장의 배려에는 고마운 마음을 갖고 있었던 게 사실이다. 그러나 이번 일로 태산은 지점장의 본심이 어디에 있는지 알 수 있었다. 판매 실적으로만 따지면 분명 태산보다 좋지 않은 사람이 있기 때문이다. 그런데 지점장은 태산을 지목한 것이다.

'팔은 안으로 굽는다고 이 회사에 가장 늦게 들어온 나를 선택한 거야. 그래, 부실한 심판 때문에 헛발질하는 인생을 살 순 없지.'

태산은 그동안 지점장을 괜찮은 사람이라고 생각했던 자신을 자책했다. 태산은 장 선생의 대나무 엽서를 물끄러미 쳐다보면서 자신의 성공 모델을 어디서 만나야 할지를 고민하기 시작했다.

♠ 자신감 카드 5

서로 붙잡고 지탱할 수 있는
나만의 든든한 성공 모델을 찾아라.

여섯 번째 이야기

만남

내 인생의 심판을 만나라.
그가 흔들리는 당신을 구할 것이다.
주변에 부실한 심판들뿐이라면
매일 아침 자신감을 만나라.
모든 일은
할 수 있다는 자신감에서 출발한다.
안 된다는 생각이
자신을 망치는 지름길이다.

태산은 대왕바위까지 산행을 떠나기 위한 준비가 한창이었다. 태산이 손목시계를 보니 10시다. 대왕바위까지 점심시간에 맞추어 올라가려면 서둘러 출발 준비를 끝내야 한다. 앞산 자락에서 오르기 시작해도 대왕바위까지는 족히 1시간 30분이 넘는 거리다. 태산은 부지런히 음료며 도시락을 챙겼다.

태산은 준비를 마치고 장 선생을 찾았다. 장 선생은 도서관 이곳저곳 걸레질을 하고 있었다. 그런 장 선생을 태산이 재촉한다.

"아저씨, 점심시간까지 대왕바위에 오르려면 서두르셔야 하는데……."

장 선생은 그런 태산을 돌아보더니 씩 웃고 만다. 태산과 달리 장 선생은 전혀 급할 게 없어 보인다. 보다 못한 태산이 팔을 걷어붙이고 장 선생에게서 대걸레를 빼앗는다.

"제가 할게요."

"아이고, 그 녀석 어지간히 급한가 보구나."

하긴 장 선생의 말이 아니라도 태산은 아침부터 대왕바위에 빨리 올라가고 싶어 조바심을 내던 차였다. 대왕바위. 그곳은 아버지와의 추억이 서린 곳이 아니던가. 고등학교 이후 무려 16년 만에 그곳에 다시 오를 생각을 하니 가슴이 벅차고 안달이 날 만도 했다.

태산은 재빠른 손놀림으로 걸레질을 한다.

"먼지가 꽤 많네요. 아저씨 혼자서 청소하고 도서관 관리하느라 고생이 많으시겠어요."

"비록 내가 이 도서관을 지어 마을에 기증했지만 이곳에서 평생을 일할 수 있으니 힘들다기보다 든든하지. 이거야말로 평생 직장이 아니겠니?"

그 말에 태산이 허리를 펴며 장 선생에게 농을 건다.

"저도 평생 다닐 수 있는 직장 하나 있었으면 좋겠습니다. 저도 여기서 일할까요?"

"원 녀석도……. 동사무소에서 나 한 사람 월급 주기도 빠듯한데 태산이 너마저 마을 주민들이 낸 세금으로 먹고 살려고?"

"하하. 아저씨가 부러워서 하는 말이에요."

"그럼, 나랑 나이를 바꾸자. 내가 지금 네 나이라면 돈 없고 배운 것 없어도 자신감 하나만으로도 먹고 살 수 있을 것 같다."

태산이 슬쩍 눈을 흘긴다.

"저 역시 아저씨 나이가 되면 아들 같은 젊은이들에게 그런 이야기를 하겠죠. 그런데 아저씨가 그렇게 부러워하는 저는 왜 이렇게 못났는지 모르겠어요."

장 선생은 손걸레를 들고 창문을 닦으며 묻는다.

"여기 창문을 보렴. 밖을 내다보면 뭐가 보이느냐?"

"그야 조금 전에 손질하던 정원과 마당이 보이지요. 멀리 보면 앞산 풍경이 보이네요."

장 선생은 무슨 생각이 들었는지 도서관 안쪽으로 뛰어가더니 검은 색종이를 들고 온다. 장 선생은 창문 바깥쪽에 색종이를 붙였다.

"이번에는 뭐가 보이느냐?"

태산은 유리창에 비친 자신의 얼굴을 보며 장 선생에게 말했다.

"제 얼굴이 보입니다."

"그렇지. 창문은 어떻게 활용하느냐에 따라 유리창이 되기도 하고 거울이 되기도 한단다. 마음을 유리창으로 사용하느냐, 거울로 사용하느냐에 따라 보이는 것도 느낌도 달라지는 것이다."

태산은 멍하니 생각에 빠진 눈치다.

"유리창과 거울이라……."

장 선생은 태산의 표정이 자못 심각해지자 걸레를 치우며 말한다.

"자, 이제 그만 출발하자. 네가 준비하는 동안 밀린 청소를 한다는 게 그만 시간을 지체해 버렸구나."

태산은 대답을 하고 장 선생을 도와 청소도구를 정리했다. 대

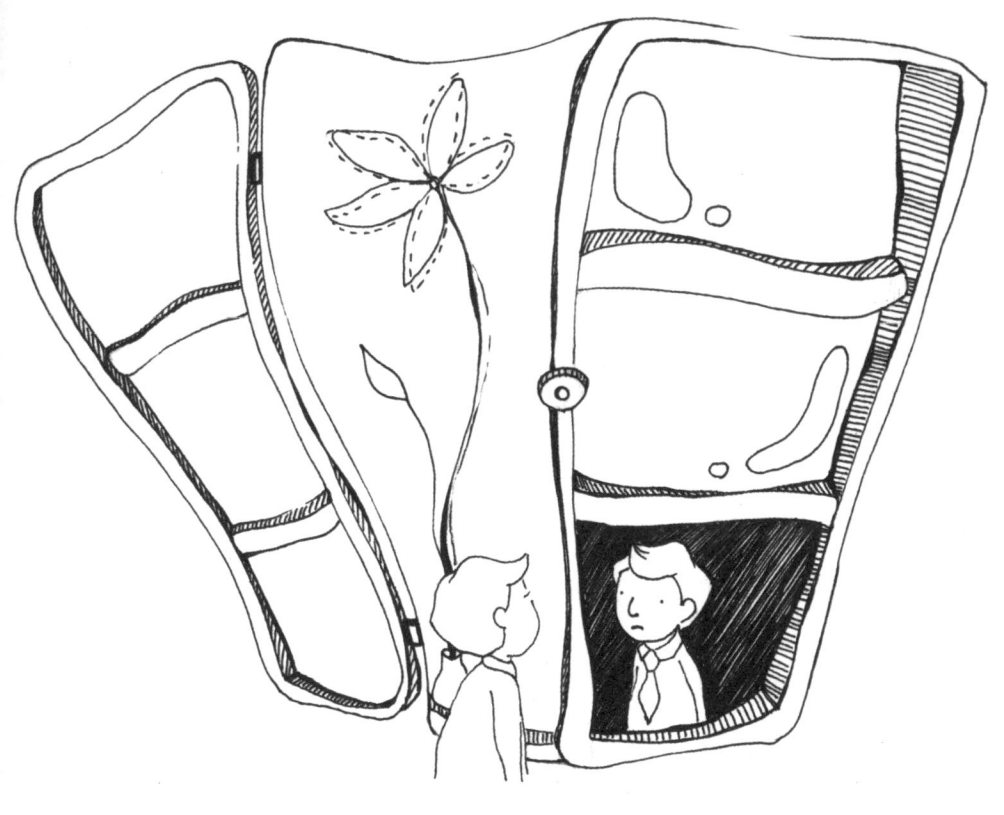

충 정리가 끝나자 두 사람은 배낭을 메고 도서관을 나섰다. 마을
을 가로지르며 태산은 소풍을 떠나는 어린아이마냥 들뜬 기분이
었다.

  잠시 후 앞산 입구에 도착하자 울창한 잣나무 숲이 보였다. 태
산은 깊은 숨을 들이마셨다. 시골의 맑은 공기에 풀냄새, 흙냄새,
나무냄새가 뒤섞여 태산의 콧속을 파고들었다. 어제 이야기를
나누던 앞산 입구의 정자를 지나 태산과 장 선생은 잣나무 숲을

가로질렀다. 태산은 조금 전 도서관에서 장 선생이 이야기하다 만 유리창과 거울에 대해 곰곰이 생각해 보았다.

"아저씨, 제 마음은 거울 같다는 생각이 드네요."

태산의 목소리는 조금 풀이 죽은 듯 가라앉아 있었다.

"도서관 창문을 통해 보니 정말 아름다운 산이 보이더군요. 그런데 유리창에 색종이를 덧대니 금세 초라해 보이는 제 모습이 보였어요."

"유리창에 비친 자신의 모습이 왜 초라하게 보였느냐?"

장 선생의 물음에 태산은 잠시 머뭇거렸다.

"글쎄요……. 솔직히 지금의 제 모습이 견딜 수 없을 정도로 한심합니다. 경력관리에 실패해 20명 남짓한 작은 회사의 지점으로 들어온 것도 그렇고 그 중에서도 꼴찌로 평가받고 있으니 말입니다."

태산은 지점장과 회사 동료들을 떠올렸다. 생각해 보면 지점 장은 우유부단한 면이 조금 있어도 사람은 좋다는 평을 듣는 양반이다. 회사 동료들 역시 장단점이 분명하지만 나쁜 사람들이라고 할 수는 없다. 그들이 태산을 은근히 따돌리는 건 사실이지만 태산 또한 그들과 가까이 하려는 노력을 게을리 했으니 피장파장인 셈이다.

태산은 새로운 회사에 적응하지 못한 데에는 자신의 책임도 있다는 생각이 들었다. 입사할 때부터 태산은 동료들의 실력을 은연중에 얕보았다. 오히려 대기업에서 작은 회사로 옮기게 된 자신의 처지가 한탄스러울 뿐이었다. 그런 태산을 동료들이 곱게 볼 리 없었다. 동료들은 태산을 은근히 경계하며 따돌렸고 태산 역시 그런 동료들에게 손을 내밀기 싫었다. 그런데 막상 분기 실적을 놓고 보니 태산의 실적은 하위권이었다. 세일즈 경력이 7년 이상 된 베테랑들도 실적이 나쁘기는 했지만 이번 교육 일로 태산은 자존심에 큰 상처를 입었다.

산행을 시작할 때의 들뜬 기분은 어디론가 사라지고 태산의 얼굴은 무척 어두워 보였다. 장 선생이 시무룩한 태산을 위로하며 말했다.

"네 모습이 초라해 보인 건 네 스스로가 만든 거울 때문이다. 다른 사람의 눈에는 '있는 그대로의 네 모습'이 보일 뿐이란다. 그것은 네가 도서관 창문 너머로 보았던 이곳 앞산의 풍경과 다를 게 없지. 내 눈에는 너의 젊음이 자신감으로 보였는데 너는 좌절감에 빠진 자신을 보고 있으니 네 마음이 요술 거울이지 무엇이겠느냐?"

태산은 아무 말도 할 수 없었다. 도서관 창문으로 바라본 앞산의 풍경처럼 투명하게 세상을 볼 수 있다면 얼마나 좋을까? 그러나 세상은 그렇게 단순하지 않다고 태산은 생각했다.

'아저씨는 안정된 대학에서 천생 교육자의 길을 걸으셨으니 험한 조직생활의 생리를 잘 모르실 테지.'

그렇게 이야기를 나누며 걷는 사이 어느덧 잣나무 숲을 지나고 깎아내릴 듯 험한 돌계단과 맞닥뜨렸다. 두 사람은 가쁜 숨을 내쉬며 돌계단을 오르기 시작했다. 큼직한 돌계단은 산 중턱까지 100여 개가 넘는다.

돌계단을 오르는 사이 태산의 상념은 차츰 굵은 땀방울과 함께 흘러내렸다. 오랜만에 강도 높은 운동을 하는 탓에 몸은 무척 힘이 들었지만 돌계단을 오를수록 태산은 마음이 가벼워지는 것을 느꼈다.

"태산아, 너와 나는 산을 무척 싫어했는데 이렇게 둘이 정상에 도전하는 날도 다 있구나!"

"하하. 그러게 말입니다. 아버지가 살아계셨더라면 아마 깜짝 놀라시겠네요."

"그래서 하는 말인데 산이라는 게 인생살이를 담고 있는 것 같지 않니?"

"맞아요. 다 오른 듯하면 계곡을 만나 내려가기도 하니까요.

높은 산일수록 계곡이 깊은 법이죠. 산을 오르다 보면 저기 평지에 있는 편안한 집이 그립잖아요. '왜 내가 사서 이 고생을 하나?'라는 생각이 들 때가 많아요."

장 선생이 태산의 손을 잡아당기며 말한다.

"그런 마음이 들 때는 이렇게 손을 잡아당기는 누군가가 있기 때문에 산을 오르는 것이 재미있다고 생각해 보거라."

"하하. 네, 알겠습니다."

돌계단을 지나 두 사람이 앞산 중턱에 이르자 하나 둘 정상에 올라갔다가 벌써 내려오는 사람들이 보이기 시작했다. 두 사람은 앞산 중턱을 지나 대왕바위로 향했다. 산 능선을 따라 걸어가는 길에는 큰 나무들이 없어 한낮의 태양 볕이 이들을 더욱 힘들게 했다. 1시간을 힘겹게 능선을 따라 대왕바위를 향해 올라가니 이정표가 보였다. 지친 태산이 숨을 몰아쉬며 나무 그늘 아래 주저앉았다.

"아저씨, 좀 쉬었다 가죠. 오랜만에 산에 오르니 힘들어 죽겠어요."

장 선생도 지쳤는지 태산 옆에 털썩 주저앉는다. 태산은 배낭에서 물통을 꺼내 장 선생에게 먼저 건네고 나서 자신도 받아 마셨다. 두 사람은 흠뻑 젖은 땀을 식히며 잠시 휴식을 취했다. 시원한 산바람이 콧잔등을 간질인다.

장 선생은 손수건을 꺼내 이마의 땀을 닦으며 태산에게 물었다.

"어제 말한 나이지리아 축구팀의 세 번째 실수를 기억하느냐?"

"그럼요. 심판이 예선 경기에는 무승부 제도가 있다는 사실을 잊은 채 0:0으로 끝난 경기를 연장전에다 승부차기까지 진행시켰죠. 결국은 승부차기 끝에 4:3으로 이긴 줄 알았던 나이지리아 선수들이 나중에 큰 실망에 빠졌죠. 심판의 착오긴 하지만 나이지리아 대표팀이 경기 방식을 숙지하고 있었다면 그런 헛고생은 하지 않았을 텐데 말이에요. 어디 가서 하소연 할 수도 없는 노릇이죠."

"그러나 선수들이 경기 방식을 몰랐다고 해도 올바른 심판을 만났다면 그런 어처구니없는 해프닝이 벌어지지는 않았을 거야. 승부에만 집착하다 보면 선수들은 실수를 저지르거나 과격한 반칙을 일삼기도 하지. 그래서 심판이 필요한 것이란다. 인생이란 경기 또한 마찬가지다. 네 인생의 경기에서는 누가 심판이었다고 생각하느냐?"

태산은 잠시 머뭇거리다 말했다.

"학교 다닐 때는 선생님과 부모님이었죠. 회사생활 할 때는 그런 심판 역할을 해주신 분이 없었던 것 같습니다."

장 선생은 태산의 대답에 고개를 갸웃거렸다.

"그러나 네가 어떤 중대한 의사결정을 할 때는 누군가 조언을 하는 사람이 있었을 텐데?"

"글쎄요. 회사 일에 대해선 아버지에게도 말씀드린 적이 별로 없습니다. 그나마 회사 일은 지점장님이 그런 역할을 하셨죠."

"내 질문에서 너의 심판이 누구였는지를 찾는 것은 매우 의미 있는 일이란다. 그런 의미에서 네가 지점장을 진심으로 따른다고 생각되지는 않는구나."

태산은 고개를 끄덕였다.

"그건 그래요. 지점장님은 자상한 편이긴 하지만 조금 우유부단한 사람이라 제 인생의 심판관 역할을 기대하기는 어렵죠. 결국 믿을 건 자기 자신뿐이라고 생각합니다. 지금까지 그렇게 살았고요."

"그럼 직장생활을 하면서 너는 네 자신이라는 심판을 통해 네 인생의 경기를 뛴 것이 틀림없구나."

"물론이죠. 자신에 대한 믿음. 그 자신감으로 살아온 것이 틀림없습니다."

"그런데 어째서 현명한 심판이 멍청한 심판으로 바뀌었을까?"

"그야 아저씨 말씀처럼 준비를 하지 않았던 것이죠."

"너도 알겠지만 준비라는 것은 어떤 목표의식에서 비롯되는 것이다. 그렇다면 네가 지난 4년간 그 목표의식을 잃어버린 이유는 무엇이냐?"

장 선생의 반문에 태산은 당연하다는 듯 대답했다.

"자신감을 잃었으니까요. 많은 경기에서의 실패가 저를 더욱 힘들게 만들었던 것이죠."

"실패가 너의 자신감을 빼앗아 갔다고? 나는 그 반대라고 생각한다. 너는 매일 너의 요술거울을 보며 부정적 주문을 걸었을 게다."

"제가 뭐라고 주문을 걸었다는 건가요?"

"거울아, 거울아 이 세상에서 누가 제일 실패한 인간이냐……"

태산은 두 손을 휘저으며 부정한다.

"제가 그랬다고요? 말도 안돼요."

"조금 전에 너도 인정하지 않았느냐. 네 마음은 유리창이 아닌 거울이라고. 너는 네 마음을 통해 세상을 멀리 내다보지 못한 것이다. 멀리 내다보면 창문 너머 앞산의 아름다움을 느낄 수 있는 여유를 가질 수 있었을 텐데, 손바닥만 한 색종이 때문에 거울에 비친 초라한 네 모습만 발견한 것이지. 만일 네 곁에 자신이 아닌 다른 훌륭한 심판이 있었다면 그런 너의 잘못된 생각을 깨우쳐주었을 게다."

이제야 태산은 장 선생의 말뜻을 이해할 수 있었다.

"그러니까 제가 자신감을 잃은 원인이 제 자신에게 있다는 것이군요. 그리고 제가 잘못을 저지르거나 흔들릴 때 잡아줄 심판을 찾으라는 거죠?"

"그래. 하지만 부실한 심판에게 자신의 인생을 의지해서는 안 된다. 만일 네 주변에 훌륭한 심판이 보이지 않는다면 자신을 심판으로 임명하는 것도 나쁘지 않은 방법이지. 그런데 자신을 심판으로 모실 때는 기본적인 전제가 하나 있단다. 그것은 자신감에 찬 얼굴이 거울 속에 나타나야 한다는 것이다. 그리고 마음이 흔들릴 때마다 그 거울을 보며 크게 외쳐야 한다."

"뭐라고 외쳐야 하죠?"

"자신에게 힘을 줄 수 있는 말이라면 어떤 것이든 상관없다. 'He can do, she can do. Why not me? I can do it!' 이런 식으로 외쳐 보거라. 생각해 보렴. 모든 사람들이 할 수 있는데 나는 왜 할 수 없다고 자포자기하느냐 말이다. 이 말은 17살에 미국으로 이민을 가서 성공한 어느 여성 기업가의 좌우명이자 자기주문이지. 모든 일은 할 수 있다는 자신감에서 출발한단다. 안 된다는 생각이 자신을 망치는 지름길이라는 걸 잊지 말거라."

태산은 지난 4년간 자신의 모습이 어땠는지 떠올렸다. 4년 동안 매일 만남을 가졌던 인생의 심판은 거울 속에 나타난 초라하고 좌절감에 사로잡힌 자기 자신이었던 것이다. 그 순간 태산은 여섯 번째 자신감의 교훈이 무엇인지 깨달았다.

'매일 자신감을 만나라.'

태산은 마음이 한결 편해졌다. 도서관에서 장 선생과 거울 이야기를 할 때는 속이 답답했는데 밖으로 나와 앞산의 풍경 속에서 이야기를 들으니 여유가 생겼기 때문이다. 매미 울음소리와 어우러진 한여름 앞산의 풍경은 태산으로서도 실로 오랜만에 맛보는 한가함이다.

"아저씨 말씀을 들으니 제가 참 어리석었던 것 같습니다. 하지만 회사만 생각하면 마음이 괴롭고 어두워서 쉽게 거울을 유리창으로 바꿀 수 없을 것 같아요."

장 선생은 태산의 표정에서 단절된 인간관계를 겪고 있는 그의 상처를 읽을 수 있었다.

"태산아, 너를 판매 부진자 교육에 보낸 지점장을 아직도 원망하느냐?"

"싫어하는 건 아니지만 이번 일은 불공평한 처사라고 생각합니다. 팔이 안으로 굽는다는 말도 있잖아요. 평소에는 잘해주는 척 하다가 결정적일 때 뒤통수를 때리는 격이죠."

"그런 생각은 네 마음을 거울로 만드는 무서운 생각이야. 한 심리학자가 다른 사람과의 관계에서 만들어지는 감정이 어떤 결과를 낳는지 실험한 적이 있는데 한번 들어 보겠니?"

"그럼요. 재미있을 것 같은데요."

태산은 지점장 생각을 지워버리고 다시 장 선생의 말에 귀를 기울였다.

"마음속의 어둡고 부정적인 생각은 다른 사람과의 관계에서 만들어지는 감정일 수도 있고 스스로 만들어낸 것일 수도 있다. 한 심리학자가 실험을 통해 그것을 쉽게 증명했지."

장 선생은 나뭇가지를 집어 들고 땅바닥에 두 개의 원을 그렸다.

"같은 학력, 같은 성적의 초등학생을 A, B반으로 나누어 일주일 동안 실험을 했단다. 아이들에게 일주일 후에 시험을 친다고 미리 알리고 A반은 선생님이 일주일 내내 수업 중에 아이들을 야단치고 심지어 벌을 주기도 했단다. 그와 반대로 B반은 선생님이 일주일 동안 아이들을 칭찬하고 사랑으로 감싸주며 가르쳤지. 그리고 일주일이 지난 후에 시험을 치렀는데 어느 쪽 아이들의 성적이 상대적으로 높게 나타났는지 아느냐?"

태산은 잠시 생각해 보더니 대답했다.

"아무래도 어린 아이들이라 자율성이 부족하니까 강압적으로 가르친 A반의 성적이 좋지 않을까요?"

"틀렸다. 칭찬을 받으며 수업한 B반 아이들이 더 높은 성적을 나타냈지. 다른 사람과의 관계는 이 실험의 사례처럼 매우 중요하단다. 사람이 성공하기도 하고 실패하기도 하는 이유는 이런 마음에 쌓이는 감정의 종류에서 비롯되는 경우가 의외로 많단다."

태산이 무릎을 탁 치며 말한다.

"우리 지점장님이 이 이야기를 아저씨에게서 들어야 하는데 아쉽군요."

장 선생은 나뭇가지로 태산의 다리를 치며 말했다.

"그 문제를 지점장과의 관계와 연관 짓는 것은 건강한 마음의 자세가 아니다. 지점장의 입장에서 보면 너 또한 지점장에게 부정적인 자극만 주는 사람일 수도 있을 테니 말이다."

태산은 목을 움츠리며 혼이 난 듯한 표정을 지었다.

"헤헤. 알겠습니다. 결국 자신감을 회복하려면 마음에 긍정적인 자극을 많이 주어야 한다는 말씀이군요. 그것이 다른 사람과의 만남이나 자신과의 만남에서 시작된다는 것도 명심하겠습니다."

"태산아, 마음의 거울 속에서 초라해진 너의 모습을 볼 때는 어떻게 하라고 했지?"

"음, 그건……. 외쳐라!"

태산은 묵묵히 그 외침을 생각해 보았다. 그런 태산을 보며 장 선생이 입을 열었다.

"마음속에 어둠이 가득할수록 마음은 유리창이 아니라 더욱 선명한 거울로 변해 버린다는 사실을 잊어서는 안 된다. 너는 앞으로 뭐라고 외치고 싶으냐?"

"내 인생의 경기를 공정하게 판정해 줄 현명한 심판이 되라고 소리치고 싶어요. 그런데 그렇게 외쳐도 자꾸 바보 같은 모습만 보이면 어떡하죠?"

"좋은 질문이다. 내가 너에게 두 가지 방법을 알려주마."

태산은 고개를 들어 장 선생을 쳐다봤다.

"그런 방법도 있나요?"

"우선 지금 여기 앞산에 서 있는 것처럼 네 마음의 방에서 밖으로 나와 현명한 심판을 만나야 한다."

장 선생의 말에 태산은 마음이 든든했다.

"판매 부진자 교육을 끝내고 고향에 온 것은 정말 잘 한 일 같아요. 아저씨 같은 현명한 심판관을 만났으니까요."

"이곳에서 나를 만나고 네가 자신감을 회복한다면 더 이상 바랄 것이 없다. 하지만 네가 자신감을 잃게 된 원인은 지금의 회사 생활에서 찾아야 할 것 같구나. 두 번째 방법이 네게 도움이 될 듯싶다. 그것은 네 마음에 붙어 있는 검은 색종이를 떼어내고 다시 투명한 유리창으로 회복하는 것이다. 그것은 네 스스로 자기 주문을 거는 일일 수도 있고 다른 사람과의 관계를 개선하기 위한 노력일 수도 있다."

장 선생은 다시 어두워지는 태산의 표정을 살피며 말을 이었다.

"내가 보기에 네가 자신감을 잃어버린 것은 회사 동료들이나 상사와 친밀한 인간관계를 맺지 못한 데 단서가 있는 것 같구나. 회사 동료들을 아군으로 만들어보렴. 그 중에 네 인생의 심판이 있을지 누가 알겠느냐. 물론 잃어버린 자신감이 쉽게 회복되는 것은 아니다. 그러나 불가능한 것도 아니니까 염려할 필요는 없다. 이제 슬슬 배가 고파지는데. 자, 서둘러 올라가자. 고지가 멀지 않았다."

장 선생의 말에 태산은 엉덩이에 묻은 흙을 툭툭 털고 다시 발걸음을 옮겼다. 이미 어제 올라왔던 산 중턱을 지난 지도 한참, 고지인 대왕바위의 턱밑까지 올라왔다. 조금만 더 가면 목표한 정상이다.

중간에 쉬긴 했지만 거의 2시간 동안 등산을 하느라 두 사람은 지칠 대로 지쳤다. 대왕바위로 올라가는 난간길에 도착하자 태산은 손목에 찬 시계를 쳐다보았다. 12시 20분. 점심을 먹기에 아주 늦은 시간은 아니다.

두 사람은 서둘러 난간길을 오른다. 태산이 난간을 오르며 아래를 보니 마을이 한눈에 내려다보인다. 옹기종기 모여 있는 집과 논이 마치 성냥갑처럼 보였다.

대왕바위 위에는 사람들이 꽤 많았다. 주말이라 아침부터 등산객이 많은 탓이다. 대왕바위는 지름이 10여 미터는 되는 넓은 바위다. 아래를 내려다보며 "야호" 하며 외치는 등산객도 있고 삼삼오오 모여 김밥을 먹는 등산객도 보인다. 시장기를 느낀 두 사람은 점심을 먹고 있는 사람들 주변에 자리를 잡았다. 태산이 돗자리를 까는 동안 장 선생은 배낭에서 도시락을 꺼냈다.

"메뉴는 오늘 아침 일찍 준비한 김밥이다."

흠뻑 땀을 흘린 뒤라 대왕바위 정상에서 먹는 김밥 맛은 일품이었다. 태산은 장 선생의 음식 솜씨를 칭찬하며 연신 김밥을 입에 넣었다.

그때 누군가 태산의 어깨를 툭 쳤다.

"혹시 태산이 아니냐?"

김밥을 먹던 태산이 고개를 돌려보니 작고 단단한 체구의 남자였다. 모자를 쓴 얼굴이 햇볕에 검게 그을렸지만 태산은 그가 누군지 한눈에 알아볼 수 있었다. 초등학교 동창인 훈이다.

"아니, 너는 훈이!"

고등학교를 마치고 태산이 고향을 떠난 이후에 처음 만나는 반가운 친구다. 두 사람은 얼싸안고 반가운 마음을 나눈다.

"선생님도 오셨네요."

훈이 이번에는 장 선생을 알아보고 넙죽 인사를 올린다.

"그래, 요즘 농사짓기 힘들지?"

"농사가 다 그렇지요, 뭐."

훈은 고향에서 농사를 짓는 것 같았다. FTA 이후 농가에 피해가 된다고들 하는데 그 역시 걱정이 많을 터였다. 그래도 훈은 담담한 얼굴로 밝게 웃는다.

"그나저나 태산인 이게 얼마만이냐?"

"고등학교 이후 처음이니까 16년은 됐지, 아마."

훈은 어깨에 둘러멘 가방에서 메모지를 꺼내더니 쓱쓱 뭔가를
적어 태산에게 내민다.

"이거 우리 집 약도와 내 휴대폰 번호야. 산 내려오면 와라."

"왜 벌써 내려가게?"

태산이 방금 만난 친구를 붙잡으려 하자 훈이 웃으며 말한다.

"조금 전에 아내와 아이가 먼저 내려갔거든. 오늘은 우리 집에
서 저녁 먹고 가라."

훈은 짧은 만남의 아쉬움을 뒤로 하고 산을 내려갔다. 장 선생에게 들으니 훈은 대학을 마치고 직장생활을 하다가 5년 전부터 고향에 내려와 농사를 짓는다고 한다. 주로 유기농 농산물을 수확해 서울에 직접 판매한다는 것이다.

"훈이는 왜 회사를 그만 두고 힘든 농사를 지을까요?"

"저 친구 말로는 복잡한 대도시가 싫다는 게야. 정식으로 등단하지는 않았지만 저 친구 이 근방에선 꽤 이름난 시인이야. 이곳이 내게 은퇴 후 삶의 터전이라면 저 친구에게는 현재의 삶 그 자체라고 할 수 있지."

태산은 장 선생의 이야기를 들으며 감회에 잠겼다. 훈이라면 어릴 때부터 공부 잘하는 아이로 칭찬이 자자했다. 동네 어른 사이에서는 판검사가 될 재목이라고들 했다. 그런 그가 대학에 들어갈 때는 문학을 한다며 부모님과 갈등이 컸던 걸 태산은 생생이 기억한다. 결국 부모님의 성화에 못 이겨 법대에 진학했지만 그 이후 소식은 알지 못한다.

그런 훈이가 지금은 고향에서 시를 쓰며 농사를 짓고 있다니……. 훈은 그런 자신의 삶에 만족하며 살고 있을까? 태산은 장 선생과 산을 내려오는 내내 친구 훈을 생각했다.

♠ 자신감 카드 6

내 인생의 심판을 만날 때까지
매일 아침 자신감을 만나라.

일곱 번째 이야기

자극과 즐거움

스스로에게 자극을 주지 못한다면
외부로부터 찾아야 한다.
자극을 받는다는 것은 일상에서의 즐거움이 된다.
자극을 받을 때에는
부정적인 의미로 받아들이지 않아야 한다.
자극은 내 안의 자신감을 불러내는
가장 강력한 힘이 될 것이다.

그날 산을 내려온 태산은 훈의 집에 들렀다. 훈이 사는 집은 장 선생의 도서관에서 20분 거리에 있었다. 초인종을 누르자 훈의 아내가 대문을 열었다. 훈의 아내는 꽤 미인형인데 왠지 낯이 익은 얼굴이다.

"안녕하세요. 훈이 친굽니다. 집에서 만나기로 했는데 훈이 있나요?"

"호호호. 나 모르겠어? 나 덕희야."

훈이 아내의 말에 태산은 깜짝 놀랐다. 눈을 비비고 자세히 보니 그녀는 태산에게 애틋한 기억으로 남아 있는 덕희가 아닌가.

"아니 이게 어떻게 된 일이야? 그럼 훈이랑 결혼한 거야?"

"그래. 얘는 어쩜 예나 지금이나 그렇게 눈썰미가 없니?"

그 옛날의 덕희는 수줍음이 많은 친구였는데 지금 보니 밝고 쾌활한 아줌마로 변해 있었다. 태산은 신기하고 놀라웠다. 태산의 가슴 속에 간직한 덕희라는 소녀의 이미지는 너무나 강렬했다. 그런 덕희의 변신도 놀랍지만 그녀가 훈이와 결혼했을 줄은 상상도 하지 못했다.

덕희는 어안이 벙벙한 태산을 잡아끌며 안채로 안내했다. 수박을 내온 후 덕희는 태산에게 지난 일들을 이야기해 주었다. 초등학교 동창인 훈이와는 대학에서 다시 만났다고 한다. 서로 같은 학교는 아니었지만 문학을 공부하는 연합 동아리 모임에서 조우했다. 공통의 관심사가 두 사람을 이어준 인연의 끈이 된 것이다. 두 사람은 예쁜 딸을 하나 낳았고 지금은 둘째 아이를 임신 중이라고 했다.

이야기를 하는 동안 덕희는 한없이 행복한 얼굴이었다. 지금의 생활에 만족하고 있는 듯했다. 태산은 덕희의 행복한 모습에 안도감이 들었다. 또 한편으론 소중히 간직해온 보물 하나를 잃어버린 듯한 아쉬움을 느꼈다.

훈은 집 뒤편에 있는 텃밭에 있었다. 노란 호박꽃이 사방으로 뻗어 있고 하나 둘 열매를 맺어가는 풍성한 호박밭이다. 호박밭에서 거름을 주던 훈은 태산을 보고 손을 흔들었다.

훈의 집 앞뜰에서 태산은 훈과 이야기를 나누었다. 태산은 연수원에 들러 이곳까지 오게 된 이야기를 간략히 들려주었다. 그리고 낙향한 훈이 농사를 짓게 된 이야기를 들을 수 있었다. 훈은 법대에 들어갔지만 애초부터 뜻이 없었던 그는 사법고시 준비를 하지 않았다. 졸업 후 은행에 들어가 몇 년간 일하면서 돈을 벌었고 목표한 금액이 모이자 미련 없이 고향으로 내려왔다는 것이다. 물론 아내인 덕희가 훈의 계획을 따라준 덕분에 가능한 일이었다.

"결혼까지 한 상황에서 회사 그만두기가 쉽지 않았겠구나. 대단한 걸."

태산은 궁금했다. 지금의 삶을 훈은 만족할까?

"내가 은행에 들어간 것은 돈을 많이 벌기 위해서였어. 돈을 만지는 곳이니 월급도 많이 줄 거라고 생각했지. 하하."

햇볕에 그을린 훈의 얼굴에 미소가 흘렀다.

"그런데 몇 년이 지나자 나도 모르게 현실에 길들여지고 있다는 것을 깨달았지."

"길들여졌다고?"

"그래. 남들은 그것을 적응이라고 부르더군. 난 돈을 많이 번 다음 어느 정도 나이가 들면 고향에 내려와 시를 쓰며 사는 게 꿈이었어. 그래서 처음에는 돈을 벌기 위해 열심히 일했지. 비록 원하는 일은 아니었지만 확실한 목표가 있었기에 열정적으로 일했지. 덕분에 회사에서 인정을 받았고 승진도 했어. 그런데 차츰 시간이 흐르면서 지금 하는 일이 즐겁지 않다는 것을 새삼 깨닫게 되었던 거야."

태산은 훈의 마음을 어렴풋이 이해할 수 있었다. 태산 역시 회사생활이 전혀 즐겁지 않았다. 태산은 훈의 다음 말에 귀를 기울였다.

"생각해 보면 다람쥐 쳇바퀴 돌 듯 매일 똑같은 일상에 똑같은 행동을 하며 산 것이나 다름없지. 냄비 속 개구리의 비유가 떠오르더군. 개구리를 찬물이 담긴 냄비에 넣어 두고 서서히 불의 온도를 높이면 개구리는 위기를 깨닫지 못하고 환경에 적응하려고 하지. 물의 온도는 점점 높아지지만 그것을 느끼지 못한 개구리는 서서히 체온을 올리며 얌전히 냄비 속에 있다가 결국 삶아져 죽고 만다는 이야기 말이야."

태산도 개구리의 비유를 들어서 알고 있다. 그러나 위기감이 훈을 예상보다 이른 은퇴로 이끌었다는 말인가? 훈의 이야기는 계속되었다.

"그런 환경에 길들여지지 않으려면 뭔가 자극이 필요하지. 은행 일을 하는 동안 난 자극이란 단어에 얼마나 중요한 의미가 담겨 있는지 잘 알게 되었어. 자극을 받지 못한다면 아무리 적응을 잘 해도 결국 냄비 속 개구리와 마찬가지로 언젠가는 파멸하고 만다는 걸 말이야. 생각해봐. 환경에 길들여져 미처 준비하지 못한 사이에 권고사직을 종용받는 게 샐러리맨의 운명 아닌가."

"그건 그래. 장 선생님에게 들은 이야기가 생각나는군. 어린 코끼리를 쇠사슬에 묶어 두면 처음에는 쇠사슬을 끊기 위해 발버둥치지만 스스로가 쇠사슬을 끊을 수 없다는 것을 깨달은 순간부터 어린 코끼리는 쇠사슬에 길들여진다고. 그리고 어른이 되면 쇠사슬을 끊을 수 있다는 사실을 잊어버리게 된다고 하시더군."

태산의 이야기에 훈은 무릎을 쳤다.

"맞아. 사람이 길들여지면 할 수 있다는 자신감을 잃어버리지. 은행이라는 환경에 적응하고 나서 난 열정과 자신감을 모두 잃어버렸어. 그 순간 더 이상 냄비 속 개구리로 남아 있다간 내 꿈을 이룰 수 없다는 것을 깨달았지. 돈을 아무리 많이 번다고 한들 현실에 길들여진 은행원이 시골에서 농사를 지으며 산다는 게 가능하겠어? 아마 회사에서 나가라고 할 때까지 다녔을 거야."

태산은 훈의 이야기를 들으면서 그가 조금 전 먹은 수박과 같은 사람이라는 생각이 들었다. 수박은 잘 익으면 특별히 사람의 손을 거치지 않아도 달디 단 맛을 낸다. 그는 스스로 긍정적 자극을 주는 방법을 알고 있었다.

그에 비하면 태산은 스스로 긍정적 자극을 주는 방법을 잊고 살았다. 더욱이 외부의 자극을 받아도 부정적인 해석으로 일관한 셈이다. 태산은 자신이 마치 저 호박밭의 호박 같다는 생각이 들었다. 수박과 달리 호박은 알맞게 익어도 그냥 먹지는 않는다. 반드시 사람의 손을 거쳐야 맛있는 요리로 탄생한다. 태산은 그런 자신의 생각을 훈에게 이야기했다.

"호박에 줄 긋는다고 수박이 되지 않는다는 말도 있지만, 우습게도 한때는 내가 수박인 줄 알던 시기가 있었지."

태산은 남강그룹 시절을 떠올렸다. 그때는 자신이 원래부터 잘난 사람이라는 착각에 빠졌었다. 어린 시절 머리가 늦게 트여 선생님에게 면박을 당했던 쓰라린 기억을 까맣게 잊은 것이다. 모두가 선망하는 남강그룹에 입사할 수 있었던 것은 타고난 머리 때문이 아니라 끝없는 노력의 결과였다는 것을 말이다.

"재미있는 비유군. 하지만 난 수박보다 호박이 마음에 드는데. 아! 잠깐만 기다려봐. 보여줄 게 있어."

훈은 무슨 생각이 떠올랐는지 방안으로 들어갔다. 10분쯤 지나자 훈은 한 장의 종이를 들고 왔다.

"중학교 2학년 때 쓴 글인데 시도 아니고 소설도 아니지만 이상하게 애착이 가서 보관해 두었지. 한번 읽어볼래?"

씨호박의 치달음
고통을 맛보고 세상에 뿌려질 씨가 되다

한여름 호박꽃이 피어 떨어지고 조금씩 커가는 호박들 중에서 하나의 호박이 주인의 눈에 띄지 않는 곳에서 자라나게 되었다. 그 호박은 스스로 호박들 중에서도 자신이 가장 호박처럼 생겼기 때문에 주인의 눈에 들지 않았다고 생각하며 자책과 원망 속에 기나긴 여름 한철을 지낸다.

그러다가 가을이 오고 호박은 점점 무르익어 겉이 누렇게 영글게 된다. 서리가 내려 무성했던 호박잎들이 하나 둘씩 빳빳한 고개를 숙이고 나자 그 커다랗고 누렇게 익은 호박만이 밭에 홀로 남아 그곳을 지키게 되었다.

그러던 어느 날 밭주인은 호박밭을 둘러보다가 한쪽 구석에서 탐스럽게 자라난 호박을 보더니 내년에 씨를 뿌릴 놈이 남아 있다며 좋아하면서 거두어 간다. 그 호박은 그제서야 다른 호박들

보다 커다란 일을 하게 되었다고 생각하며 다음해에 씨가 될 준
비를 했다.

⚜

　글을 읽어내려 가는 동안 태산은 묘한 기분에 휩싸였다. 태산
은 어린 시절의 악몽이 떠올랐다. 마음속에 남아 있는 하나의 들
음이 생생하게 떠오른다.

"초등학교 3학년이나 된 녀석이 한글도 몰라?"

그렇다. 그때 태산은 빳빳이 고개를 쳐든 호박들 사이에서 자책과 원망의 감정을 긍정적 에너지로 바꾸기 위해 애쓰던 씨호박이었다.

'과연 나는 그 호박처럼 세상에 뿌려질 씨가 될 수 있을까?

적어도 씨호박이 되려면 한창 여름날의 작열하는 태양과 싸워야 하며, 늦은 가을날까지도 서리와 찬바람을 맞으며 쓰디쓴 외로움의 고통을 맛보아야 한다.

그래도 언젠가는 세상에 뿌려질 씨호박이 되겠다는 희망을 포기하지 않고 묵묵히 고통을 감내하던 태산. 그것이 바로 태산의 본래 모습이었다.

"이거 내가 가져가도 되니?"

"물론이지."

훈의 집에서 일박을 하고 태산은 작별을 고하기 위해 아침 일찍 도서관으로 장 선생을 찾았다. 훈을 만나고 나서 태산은 그동안 자신이 얼마나 현실에 길들여지고 있었는지 깨닫게 되었다.

'길들여지면 자신감을 잃어버린다.'

태산은 훈을 통해 자극의 소중함을 깨달았다. 그리고 비로소 장 선생의 가르침을 이해할 수 있었다. 왜 인생의 멘토가 필요한지 말이다. 멘토야 말로 외부에서 자극을 줄 수 있는 가장 큰 힘이 될 것이다. 그리고 그것이 바로 변화의 시작이다.

물론 내부의 자극을 긍정적 에너지로 활용할 줄 아는 사람이라면 멘토가 없어도 자신감을 잃지 않을 것이다. 그러나 대부분의 사람들에게 적절한 외부 자극은 쓰디쓴 보약이 된다.

태산의 경우만 해도 그렇다. 처음 세일즈맨이 되었을 때 매일 아침 눈을 뜨면서 '오늘 하루는 최선을 다해 보자'고 얼마나 다짐했던가. 그러나 시간이 지나면 굳은 다짐도 쉽게 지워진다. 장 선생은 다짐을 잡아두려면 외쳐야 한다고 했다. 영어를 배울 때도 크게 말하는 것이 가장 효과적인 것처럼 외치는 것은 좋은 자극이 된다. 눈에 잘 띄는 곳에 다짐을 글로 적어두거나 사진으로 찍어두는 것도 좋은 방법이다.

도서관에 도착한 태산은 큰 소리로 장 선생을 불렀다.

"아저씨, 인사드리러 왔어요. 곧 떠나려고 합니다."

장 선생은 도서관 한 구석 테이블에서 무언가를 보고 있다가 고개를 들며 말했다.

"아니, 벌써 떠나려고? 점심 먹고 천천히 가거라. 아직 네게 해줄 이야기가 많단다."

태산은 아쉬움과 걱정스러운 마음이 교차하는 장 선생의 마음을 느낄 수 있었다.

"훈이를 만나고 나서 아저씨의 가르침이 좀더 구체화되었어요. 이제 제가 무엇을 해야 할지 알 것 같습니다."

"그럼 이제 회사로 돌아가면 무엇을 할 거냐?"

"우선 제 인생의 조감도를 그려볼까 합니다."

"조감도……. 그것 참 좋은 생각이구나! 이리 오너라. 네게 보여줄 게 있다."

태산이 장 선생에게 다가가자 장 선생은 지갑에서 빛바랜 사진 한 장을 꺼냈다.

"이건 우리 아버지와 대왕바위에서 찍은 사진이잖아요. 이야, 두 분이 이렇게 젊었던 시절도 다 있었네요."

"그래, 사진은 지나간 시간을 담는 것으로만 생각하지만 미래를 담아둘 수도 있지. 미래의 조감도를 담겠다는 네 발상은 참 대단한 생각이다. 그것을 볼 때마다 자신감을 얻을 수 있을 게다. 조감도나 설계도가 있어야 시행착오 없이 아파트를 지을 수 있는 법이지."

장 선생은 부쩍 달라진 태산을 흐뭇한 눈길로 바라보았다.

"태산아, 한 번도 가보지 않은 산을 정복하기 위해 최선의 방법이 무엇인지 물어본 걸 기억하느냐?"

"네. 저는 나침반이나 지도를 잘 챙겨서 가야한다고 대답했죠. 하지만 아저씨 말씀을 종합하면 그 산을 다녀온 경험이 있는 사람과 함께 산을 올라가는 것이 더 현명한 방법이겠군요."

"바로 그것이다. 어느 학자가 이렇게 말했지. '한 개인의 연봉은 그가 만나는 사람의 평균 연봉과 동일해진다' 라고. 가급적이면 너보다 잘난 사람들을 찾아가서 한 수 배워라. 그런 사람들을 많이 만날수록 긍정적인 자극을 받게 된다."

태산은 생각을 정리해 보더니 물었다.

"아저씨, 나이지리아 대표팀의 4차전 경기에서 두 사람이 나이 제한 때문에 경기에 출전하지 못했죠. 아저씨는 퇴장 없는 경기를 하라고 하셨지만 과연 평생을 나이 제한 없이 뛸 수 있는 경기가 있을까요?"

"오늘 네가 앞산 입구에서 만났던 그 모습을 간직하면 된다. 그때 너는 즐겁게 웃는 모습이었지. 자신이 할 수 있는 일을 진정으로 즐기는 것이 정답이란다."

"그러면 그 즐거움을 어디에서 찾죠?"

"물론 사람은 하기 싫은 일을 해야 할 때가 훨씬 많다. 그러나 성공한 사람들은 성공의 이유가 약속이라도 한 듯 비슷하지만 실패한 사람들은 실패의 이유가 다양하단다. 내가 평범한 일상에서 즐거움을 찾는 법을 알려줄 테니 들어보렴."

제임스-랑게 효과
즐거워서 웃는 게 아니라 웃기 때문에 즐겁다

미국의 윌리엄 제임스와 독일의 카알 랑케는 '즐거워서 웃는 것이 아니라, 웃기 때문에 즐거워지는 것이다' 라는 명언을 남겼다. 이 가설을 증명하기 위해 미국의 한 대학에서 재미있는 실험을 했다. 학생들을 두 그룹으로 나누고 만화책을 나누어주었다. A그룹은 만화책을 보되 볼펜을 입술로 물게 하고, B그룹은 볼펜을 이빨로 문 상태에서 만화책을 읽어보라고 했다.

1시간이 경과한 후 실험에 참가한 두 그룹의 학생들에게 만화책이 얼마나 재미있었는가에 대해 물어보았다. 그 결과 B그룹이 A그룹의 학생들에 비해 만화책의 내용이 더 재밌고 좋았다고 응답했다. 이 실험을 바탕으로 연구팀은 이렇게 정의했다.

'우리의 몸은 가짜 웃음을 식별하지 못한다. 따라서 가짜 웃음도 진짜 웃음과 비슷한 효과가 발생한다.'

✤✤✤

"표정 하나가 인생의 경기에 큰 영향을 미칠 수도 있다는 말씀이네요."

"그래, 표정이라는 것은 자신의 행복뿐 아니라 다른 사람들에게도 호감을 주는 좋은 선물이지. 누구나 할 수 있는 최고의 봉사는 웃음이란다.”

장 선생과 태산은 마주보며 웃었다.

“또 다른 연구에 의하면 호감이 가는 사람 1위는 따뜻하게 미소 짓거나 웃는 사람이고, 2위는 자신을 좋아하는 사람이라는 구나. 잘 웃으면 다른 사람들과의 관계도 좋아질 수 있단다. 중국 상인의 처세술에도 ‘미소 짓는 법을 배울 때까지 가게 문을 열지 마라’ 는 말이 있지.”

장 선생은 잠시 숨을 돌리고 이야기를 계속했다.

“우체부 프레드 아저씨 이야기에서도 말했지만 고객을 만족시키지 못하면 결코 성공할 수가 없다. 오늘날은 기업이 고객을 소유하는 시대가 아니고 고객이 기업을 소유하는 시대가 되었기 때문이지. 네가 만나는 모든 사람이 너의 고객이라는 사실을 기억한다면 사람에 대한 소중함도 크게 느껴질 것이다.”

“즐거움도 하나의 경제적 가치로 인정되는 대목이군요.”

“웃음이 주는 놀라운 결과가 하나 더 있단다. 미국 하버드 대학의 조지 베일런트 교수가 하버드대 졸업생 260명을 60년 동안 추적 조사한 결과, 두 가지 공통점이 밝혀졌다. 하나는 그들의 대학 성적은 이후 50년 동안 그들의 성공과는 아무런 관련성이 없었다는 사실이다. 또 하나는 졸업생 중에 성공한 사람들에게서 나타나는 공통점으로 이들이 어려움을 극복하는 수단으로 유머를 사용했다는 것이다."

태산은 깊이 반성하는 얼굴로 말했다.

"말씀을 듣고 보니 제 자신과 다른 사람을 원망하는 것으로 스트레스를 풀고자 했던 제 행동이 어리석었군요."

"본래 너의 가장 큰 장점은 일을 즐기는 것이었다. 그런데 그 즐거움을 잊고 나서 동료들과 어울리지 못하고 자신감을 잃게 된 것이다. 내가 한 말들을 너도 잘 알고 있다는 것을 안다. 다만 문제는 그것을 실행에 옮기지 못한 것뿐이다. 왜 그랬을까?"

장 선생은 마치 태산의 과거를 손금 보듯 환하게 꿰뚫고 있는 사람 같았다.

"그것은 네가 새로운 회사에서 인정을 받지 못하게 된 것이 큰 영향을 준 것 같다. 인정을 받지 못하니 즐거움이 사라지고 결국 지금까지 온 것이지. 사람은 인정받고 칭찬받으면 신이 나고 자신감이 생기는 법이다. 사람들은 칭찬을 받을 때 '아, 내가 이런 것을 잘 하는구나' 라고 비로소 깨닫게 되지. 그런데 너는 지금 회사에서는 그런 인정을 받지 못하게 된 거야. 그렇다면 인정받기 위해 노력을 했어야 한다. 어차피 한 경기장에서 평생을 뛸 수는 없다. 그러나 뛰는 경기장이 바뀔 뿐이지 경기는 계속된다는 것을 명심해라. 결코 뛰는 일을 멈춰서는 안 된다."

태산은 장 선생의 말이 모두 옳다고 생각했다. 그러나 장 선생이 이야기한 교훈들을 마음속 깊이 인정하는 데는 시간이 걸렸

다. 심지어 어떤 것은 자신의 기준에 의해 부정하기도 했다. 그러나 즐거움과 자극에 관한 이야기는 진심으로 인정할 수 있었다. 그랬다. 태산이 남강그룹에서 승승장구할 수 있었던 비결은 다름 아닌 자신감이고, 그것은 즐거움에서 나온 것이다.

일을 즐기는 사람은 두 부류다. 첫 번째는 자신이 좋아서 하다 보니 결과가 좋은 경우다. 두 번째는 주변 사람이 잘한다고 하는 일을 함으로써 즐거움을 느끼고 그 속에서 자신감을 키우는 경우다.

스스로 일을 즐기는 사람에게 남들의 칭찬은 부수적인 것일 뿐이다. 따라서 진정한 자신감은, 즉 내면에서 꿈틀거리는 자신감을 찾는 것은 온전히 자신의 몫이다. 그러나 후자의 사람들은 주변에서 인정하고 격려해 주는 사람에게서 동기부여를 받아야 좋은 결과를 얻을 수 있다.

태산은 집으로 향하는 길에 멀찌감치 보이는 연수원을 바라보았다. 그리고 장 선생을 생각했다. 이곳에서 그를 만난 것은 정말 행운이었다.

라디오를 틀자 흥겨운 음악이 흘러나왔다. 잠시 후 라디오 진행자의 멘트가 오늘따라 태산의 눈에 보이듯 크게 다가왔다.

"손 박사님, 오늘 말씀 감사합니다. 박사님의 말씀을 정리하면 자신이 길을 찾지 않으면 길이 자신을 데려간다는 말씀인데요. 그럼 그 길이 어디로 가는지 모르는 사람은 두렵겠습니다. 청취자 여러분이 걸어가시는 인생의 길은 어떻습니까? 지금까지 청취해 주신 여러분께 감사드립니다."

태산은 집으로 향하는 길에 아카시아 꽃들을 보며 내일은 자신의 얼굴에도 여기 아카시아 꽃처럼 웃음이 넘쳐날 것이라고 상상했다.

♠ 자신감 카드 7

행운을 찾기 위해 행복을 짓밟지 마라.
누구나 할 수 있는
최고의 봉사는 '웃음'이다.

마지막 이야기

귀환

자신감을 잃어버린 사람은
상상한 것을 현실화하는 과정이 그리 순탄하지 않다.
이럴 때 누군가의 작은 격려는 나를
일어서게 하는 힘이 된다.
만약 당신이 상상에서
일상으로 귀환의 시기를 맞이하고 싶다면,
지금 당신의 내면에서 소리치는
자신감을 꺼내야만 한다.

대왕바위가 있는 푸르른 산을 뒤로 한 채 태산은 일상으로의 귀환을 시작한다. 좌절의 연속이기만 했던 일주일 전의 모든 현실들. 그러나 지금은 장 선생의 따뜻한 격려로 태산은 새롭게 꿈틀대는 내면의 소리를 듣게 되었다.

부진자들의 연수과정이 끝났을 때만해도 앞으로 펼쳐질 태산의 일상은 그저 암담한 현실이었을 뿐이다. 그러나 장 선생을 다시 만남으로 인해 태산은 잊고 지낸 세월 속에서 자신의 파릇한 모습을 발견했다.

"고맙습니다."

이 말은 장 선생이 태산에게 아낌없이 베푼 3일간의 격려에 대한 감사의 마음이었다. 그리고 지금에야 비로소 자신감이라는 씨호박을 품고 태산은 한결 가벼운 일상으로의 귀환을 서둘렀다.

▌귀환을 알리는 편지
누군가의 작은 격려는 나를 일어서게 하는 힘이 된다

고마운 아저씨께.

어린 시절 아버지와 함께 오른 앞산의 기억을 되살려주셔서 고맙습니다. 아저씨는 무엇과도 바꿀 수 없는 큰 것을 제게 주셨습니다.

소위 말해서 사회가 인정하는 엘리트인 제가 왜 무너져야 하는지 사실은 스스로 인정하지 못했습니다. 더군다나 주변 사람들의 충언을 그저 쓴 소리 혹은 이미 다 아는 것이라 우습게 치부한 저의 오만함도 깨달았습니다.

스스로 닫아버린 인간관계, 새로운 도전에 대한 두려움과 귀찮음, 진정한 자신의 가치, 미래에 대한 준비와 노력마저도 게을리 한 현재의 제 모습을 인정하게 되었습니다.

이번 아저씨와의 산행은 미처 깨닫지 못한 과거의 제 모습 속에 아버지께서 알려주신 진정한 산의 의미를 되돌아본 참된 시간이었습니다.

인생이라는 큰 경기 속에 지금 시련이라고 여긴 현실들이 그저 작은 게임에 불과한 것이었음을 저는 왜 깨닫지 못했을까요?

내일부터 시작될 저의 일상이 참 행복할 것 같습니다. 말씀해주신 유니폼을 새롭게 입어보려 합니다. 입안 가득 퍼진 수박향이 다시 생각나네요.

이태산 드림

❀❀❀

다음날 아침, 아무도 출근하지 않은 조용한 사무실에 앉아 태산은 가만히 눈을 감는다.

'오늘 하루의 경기를 어떻게 뛰어야 하는가?'

태산은 어제 장 선생에게 보낸 편지 속에 새롭게 유니폼을 입겠다는 말을 되새겼다. 그리고 새로운 유니폼으로 갈아입은 태산에게 가장 먼저 떠오른 사람은 지점장이다.

'감독의 신뢰를 얻을 수 있는 선수! 내가 그동안 지점장님에게 신뢰를 줄 만한 사람이었나?'

태산은 깨우침의 편지를 쓴 후 작성한 자신만의 조감도를 떠올렸다. 장 선생이 일러준 대로 미래의 조감도를 그린 것이다. 고객이 즐거워하는 모습, 서로에게 힘이 되는 친밀한 인간관계, 성공한 자신의 미래……. 자신의 경기를 위해 미래를 하나씩 설계하는 기쁨을 태산은 만끽했다.

태산이 지난 밤 그린 조감도
내 인생의 경기원칙

♠ 예매의 원칙

- 뛰는 경기장이 어딘지 알아보고 예약은 필수다.
- 경기에 함께 임할 선의의 경쟁자를 찾고 분석한다.

♠ 유니폼의 원칙

- 입을 유니폼이 없으면 경기에 뛸 수 없다. 인생이라는 경기는

골목에서 하는 공놀이가 아니다.

- 나만의 독창적인 유니폼, 퍼스널 브랜드로 자신의 가치를 만들어야 한다.

♠ 심판의 원칙

- 부실한 심판을 주의해야 한다. 인생이라는 경기에서 맞닥뜨려질 불공정한 판정은 생각보다 훨씬 많다.
- 나를 제대로 알아봐 줄 성실한 심판을 찾아라. 그에게서 조언과 격려의 말을 들을 수 있다.

♠ 퇴장 없는 경기의 원칙

- 현재 뛰던 경기장에서 퇴장을 당해도 아직 더 뛸 수 있는 경기장은 많다. 가장 자신 있는 경기 종목을 평생 연마하라.
- 뛰는 경기장이 중요한 것이 아니라, 뛸 수 있다는 자신감이 중요하다.

'내 인생의 조감도라⋯⋯. 그래 상상한 것은 언젠가 이루어진다고 했지.'

인생이라는 경기의 원칙에 따라 어제 그린 조감도를 떠올리며 태산은 오늘을 위한 업무 준비를 시작했다. 그 사이에 동료들은 속속 출근했다. 간단한 아침 인사를 나누는 사람, 신문을 읽거나 인터넷으로 뉴스를 검색하는 사람, 그리고 커피를 마시는 사람……. 교육을 받고 돌아온 첫 출근 날의 아침 풍경은 특별한 것이 없었지만 태산의 눈에는 여느 때와 달라보였다.

태산은 먼저 동료들에게 일일이 인사말을 건넸다. 옆자리의 김효근 대리에게는 커피를 뽑아주며 대화를 시도했다. 동료들은 태산의 어색하지 않은 친절함이 신기하다는 듯 힐끔힐끔 쳐다봤다.

태산이 아침회의에 임하는 모습 또한 눈에 띄게 예전과는 달랐다. 회의를 할 때면 무관심한 표정으로 듣기만 하던 태산의 모습은 찾아볼 수가 없었다.

그날 오후 지점장은 박 과장과 오 대리, 그리고 태산을 회의실로 호출했다.

"안건을 말하기에 앞서 태산 씨, 교육을 다녀온 소감을 들려주겠나?"

태산은 밝게 웃으며 말한다.

"네. 교육은 잘 다녀왔습니다. 비록 짧은 기간이었지만 제 자신을 돌아볼 수 있었던 귀중한 시간이었습니다."

"그런가? 그것 참 다행이구만. 난 또 자네가 연수기간 내내 날 원망하지나 않았을까 걱정했지. 허허."

지점장의 안도 섞인 농담에 태산은 꾸벅 고개를 숙인다.

"죄송합니다, 지점장님. 철없이 대들었습니다."

"아니야. 자네 기분 이해하네. 어쨌든 이번 일을 전화위복의 계기로 삼아 새로운 마음으로 심기일전해 주길 바라네."

"네, 알겠습니다."

의외로 부드러운 태산의 태도가 의아했는지 오영석 대리가 한마디 한다.

"아니, 이거 교육 내용이 어땠는지는 몰라도 효과가 바로 나타나는데……. 오늘 태산 씨 얼굴 표정부터 다른 거 알아?"

다소 빈정대는 듯한 오 대리의 질문에 태산의 입가에는 조금 씁쓸한 미소가 번진다. 그동안 자신의 모습이 어땠는지 사람들의 반응을 보며 충분히 짐작할 수 있었기 때문이다.

"교육을 끝내고 고향에 잠시 들러 한 분의 스승을 만났습니다. 3일 동안 그분과 함께하면서 지난 몇 년간 목표 없이 살아온 자신을 반성하게 되었지요."

반성과 새로운 의욕이 함께 담긴 태산의 말에 지점장은 뿌듯해하며 기쁨을 드러낸다.

"불과 일주일 사이에 자네에게 놀라운 변화가 일어났군. 우리 태산 씨를 박수로 격려하세."

지점장과 회의실에 모인 두 사람은 박수로 태산을 격려한다. 불

과 며칠 전만해도 그들의 뒷담화 주인공이었던 태산에게 말이다.

"좋아. 이쯤에서 자네들에게 맡길 일이 있네. 자네들 셋이 힘을 모아 신규 고객 확보를 위한 마케팅 전략을 수립해 주게. 이 프로젝트에 우리 지점의 사활이 걸렸네."

태산은 앞으로 임해야 할 새로운 경기를 비전주식회사 여의도점의 임시 프로젝트팀과 함께 시작한다.

'천재를 이기는 건 노력하는 사람이고
노력하는 사람을 이기는 건 즐기는 사람이다.'

잃어버린 자신감을 되찾은 태산에게 들려오는 또 다른 들음과 함께 그렇게 새로운 경기 시간은 지나갈 것이다. 그리고 지금 어디에선가 자신감을 잃어버린 그 누군가에게 태산은 들려줄 것이다.

"당신에게 외치는 소리, 내면에서 아우성치는 자신감을 되찾는 것은 온전히 당신의 몫입니다. 그러나 스스로 내면의 자신감을 불러내지 못했다면 당신의 주변에서 들리는 작은 격려의 들음에 귀 기울이세요. 이제 당신은 이렇게 들릴 것입니다. Shout! 자신감이라고……."

사람들 이야기

멘토

경쟁에서 뒤처지는 횟수가 잦아지고
한계를 느낄 때마다,
혹은 의기소침해지며 더욱 작아지는 나를 발견할 때마다,
취업준비생은 취업과 사회라는 벽 앞에서 주저앉고 싶을 때마다,
직장인은 회사라는 조직과 인간관계의 현실에 부딪힐 때마다,
혼자 파이팅 외쳐가며 스스로 독려하기에 지쳤다면
지금 주위를 돌아보라.
자신감에서 타의 추종을 불허하는 역할 모델이 있지 않은가?
그 사람을 주목하라. 그리고 그의 말을 들어보라.
"나를 일어서게 하는 힘, 그것이 바로 자신감이요
모든 것은 자신감에서 출발한다."

**여기에 실린 글들은 우리 주변에서 파이팅 외쳐가며 씩씩하게 살아가는 사람들의
'나를 일어서게 한 자신감' 이야기입니다.**

카르페 디엠, 현재를 즐겨라. Carpe Diem, Seize The Days.
지금 이 순간, 이 시간을 나를 위해 쓰고 즐겨라! 흘러가는 단 1분 마저
도……._나는 달린다

오늘 우리가 헛되이 보낸 하루는 어제 죽은 이가 그토록 바라던 내일이었
다. 내일을 살아가고 있음에 감사하며 하루하루를 열심히 긍정적으로 살
다보면 잃어버렸던 자신감이 돌아오지 않을까?_white0741

힘든 위기에 봉착했을 때 가족을 생각하라!_joogh76

천재는 노력하는 자를 이기지 못하고, 노력하는 자는 즐기는 자를 이기지
못한다. 자신이 천재는 아니어도 즐기는 마음으로 무엇이든지 성실히 노
력한다면 안 되는 게 없다._rrwdtg22

오늘 걷지 않으면 내일은 뛰어야 한다._wldus777

나를 있게 한 어머니, 그 분이 진정한 멘토다._dkstpwn

어릴 적 선생님의 말씀. "이번이 마지막이라 생각하고 죽을 힘을 다해 노
력해봐. 넌 할 수 있어. 후회는 없어야 하겠지."_hyoun772

"너 자신을 믿어라!" 선생님의 편지가 없었다면 하루에도 몇 번씩 목으로
넘어오는 '포기' 라는 단어를 삼키지 못했을 것이다._fa18ef

등산을 하면 자신감을 되찾게 된다. 마음만 먹으면 산은 쉽게 정복할 수
있기 때문이다._kimus1004

근백선지장 태백악지장勤百善之長 怠百惡之長, 부지런함은 온갖 선행의
으뜸이고 게으름은 온갖 악행의 으뜸이다._소마신화검

거울 속의 내 자신과 대화하라. 그리고 내가 얼마나 소중한 사람인지를 되
새겨보라._늘푸른둥이

인생의 높은 벽 앞에서 눈물 흘리는 내 곁에서 어머니는 그림자처럼 따라다니시며 따스한 손길로 등을 토닥거려 주신다. _ yspark9603

친구들……. 취업 때문에 힘들고 지친 내게 말없이 다가온다. 그리고는 현실과 부딪혀 이기는 사람이 되라며 자신감을 북돋워주고 마음속에서 우러나오는 격려를 한다. _ wide22

인간은 새처럼 하늘을 날 수는 없지만, 마음만 먹으면 아무리 높은 곳에서도 얼마든지 뛰어내릴 수 있다. "넌 할 수 있어!" _ 사랑맘

오프라 윈프리. 남보다 아파하는 것이 있다면 그것은 고통이 아니라 사명이다. 아파본 사람만이 아픔을 겪은 사람에게 봉사할 수 있다. _ 하얀운동화

"힘내라!"라는 격려는 최고의 자신감이 된다. _ inxia

"원칙을 정하고 끝까지 실천하라!" 늘 산만하고 무엇 하나에 집중하지 못하는 내게 이 말은 새로운 길을 보여주었다. 설령 실패할지라도, 지름길이 아니라 멀리 돌아가는 길일지라도 나는 이 말을 실천하기 위해 끝까지 노력한다. _ coach2002

내가 스스로 죽지 않는 한 어차피 인생은 긴 여정이다. 그러니 나를 믿고 노력할 것이다. 미래는 지금과는 달라야 하기 때문이다. _ kss1286

나의 멘토는 사람이 아닌 사람이 만든 책이다. 뼈 속 깊이 내려오는 인간들의 모든 지혜와 슬기가 담겨있는 책. 책이야말로 내가 방향을 잃어 헤맬 때 내게 괜찮다고, 잘 할 수 있다고 자신감을 준 또 하나의 나라고 생각한다. _ itsonme

나 자신을 믿는다는 것. 설령 내게 또다른 시련이 와 나락으로 떨어져도 난 강하기에 곧 다시 일어설 수 있다. 희망과 긍정적인 마인드만 갖고 있다면 아무 문제없다. _ meging

얽힌 실은 차근차근 풀어야 한다. 서두르다간 더욱 얽혀 가위로 자르거나 버려야만 한다. _ goodjun99

내가 한 말은 반드시 지킨다. 내가 뭔가를 한다고 다른 사람에게 말하는 것도 방법이다. 왜냐하면 그것을 지키기 위해 노력할 것이기 때문이다. _ hellox82

자신감의 동기부여는 내 눈으로 보고 몸으로 느끼는 세상에 존재하는 모든 것들이다. 내 곁의 수중한 사람들을 생각하면 더욱 그러하다. _ 생각안헤

항상 나를 칭찬하고 격려하고 위로하고 도와주는 나의 남편. 그를 바라보면 살아 있다는 걸 느낀다. _ park0652

"엄마는 언제나 네 곁에 있을 테니 넌 앞을 보렴." _ 령도령

높이 나는 새가 멀리 본다. 좀더 멀리 보고, 좀더 깊게 생각한 뒤 행동하라는 선생님의 가르침. _ rlatmdgus392

나의 정신적인 멘토는 사랑하는 사람이다. 언제나 곁에서 함께하기 때문이다. _ 까메벼리

나를 사막에서 버티게 한 것은 한 덩어리 빵도 한 모금의 물도 아니다. 바로 가족에 대한 그리움이다. _ 캔디스

비비안 웨스트우드. 그녀는 50세라는 적지 않은 나이지만, 자신이 진정 살아가는 이유가 즐거움이라 말한다. 행복 바이러스를 전해주는 그녀를 통해 내 안의 자신감을 되찾는다. _ rougeoir

Just Do It! 새로운 기회와 도전에 직면했을 때 가능성이 조금이라도 있다면 그냥 일단 해보는 것이다. _ parkbn

항상 "할 수 있다"는 말을 반복하며 마음가짐을 가다듬는다. 마음속으로 주문을 외워야지. 난 할 수 있다고……. _ kimdb3

"He can do, she can do. Why not me?" _ 그대야미안해

하나님께서 내게 선물로 주신 딸아이가 나의 자신감이다. 아이만 생각하면 감사하고 기쁘고 무슨 일이든 신나게 감당할 수 있으니까. _ hjbj2928

자신감, 작은 나를 크게 만든다. _ valenti17

이것 역시 지나가리라. _ 늘한결같이

거친 파도가 1등 항해사를 만든다. _ sakurakorea

두려움을 극복하고 목표를 성취했을 때, 아주 강한 자신감을 갖게 된다. _ khh2291

'나' 라는 존재는 지구상의 어떤 물건을 팔아도 살 수 없다. _ 애플민트

인간은 유일하게 자신의 얼굴을 거울로 비춰볼 수 있다. 어두운 표정, 짜증난 표정이 보기 싫어서라도 한 번씩 거울을 보며 미소를 짓자. 기분이 좋아진 나를 보며 앞으로 잘될 것 같은 자신감이 생길 것이다. _ inhwan6979

자신에 대한 칭찬과 질타가 필요하다. 당근과 채찍, 이 두 가지가 잘 어우러질 때 자신감을 얻게 된다. _ 술

가장 어두운 시간은 바로 해뜨기 직전이다. _ juya0414

타인을 배려하기 전에 자신을 위해 스스로를 먼저 배려해야 남을 배려할 여유가 생긴다. _ jojo4860

당신은 참 괜찮은 사람이다. 앞으로 해야 할 그리고 할 수 있는 일들이 너무 많다. 당신의 미래가 있음을 잊지 말라. _ 소금인형

떨어지고 떨어져 바닥을 쳤다면 더 이상 떨어질 곳이 없다. 이제 올라가는 길만 남았다. _ xc0448

빗자루 철학. 아무리 먼지가 묻은 빗자루라도 눈에 잘 띄는 곳에 둬야 그 역할을 잘 한다. _ 파자마

"시간이 배급되어 있다는 것은 기적이다. 아침에 눈을 뜨면 여분의 지갑 속에는 마치 마술과 같이 24시간이 가득 차 있다. 시간은 여분의 재산 중에서도 가장 소중한 재산이다." 좌절의 시기는 내게 온 또다른 기회가 된다. _ 골드러시

매일 아침 일어나 거울 속의 나를 보며 세 번씩 외친다. "할 수 있다! 할 수 있다! 할 수 있다!" _ tmwin

"선생님! 어떻게 해야 자신감이 생기죠?"
"널 사랑하면 된단다." _ happyara00

목표를 세우면 나도 모르게 '반드시 해낼 수 있을 것' 이라는 막연한 자신감이 생긴다. _ newcula

"설마 죽기야 하겠어?" 다소 대책 없이 들리는 저 배짱이 나를 일어서게 한다. _ 깨비

늘 자신과 싸워라. 자신과의 싸움에서 늘어나는 승리로 조금씩 단단해지는 자신감을 발견할 것이다. _ yyy0112

어린아이는 세상이 크게 느껴지겠지만, 희망과 무모해 보이는 큰 꿈이 있기에 또한 아름답게도 보인다. 내 안에 잠재된 어릴 적 나를 발견하고 믿어라. _ bobosmin

신은 이겨 낼 수 있는 고통만을 준다. _ 날아라~^^

춤을 출 때면 내 안의 자신감을 발견한다. 춤은 내 인생의 달콤하고 맛있는 스프와도 같다. _ 청노루

삶에 대한 신념은 인생을 제대로 살아야겠다는 열정을 심어준다.
_ auteur30

자신감은 자신의 당당한 마음과 행동에서 비롯됨을 잊지 말라. _ kjy8282

절대자가 나를 사랑한다는 사실에 위로를 받을 만큼 마음이 열린다면, 그 다음에 도전하고 성취하며 인내한다. 그러면 비로소 주위의 인정을 받게 될 것이며, 그것은 자신감으로 변할 것이다. _ 전설의 하마

조용히 내 안의 소리에 귀 기울여 무엇을 하고 싶은지, 어떻게 해야 하는지 들어보라. 'Through The Rain' 이라는 노래 가사다.
I can make it through the rain.
난 이 비를 무사히 뚫고 지나갈 수 있어.
I can stand up once again on my own.
난 내 힘으로 또 다시 일어설 수 있어.
And I know that I'm strong enough to mend.
난 내 자신이 다시 일어설 수 있을 만큼 충분히 강하다는 걸 알아.
And everytime I feel afraid I hold tighter to my faith.
그리고 두려울 때마다 내 신념을 더 굳건히 유지하는 거야. _ gold009

긍정적인 사고는 자신을 믿게 하고 스스로의 가치를 높인다.
_ 따뜻한 가을날

예전 직장 상사인 부장님. 그분도 나와 같은 고민이 있었다. 그가 그 시기를 극복한 이야기는 내게 피가 되고 살이 된다. _ withhyuck

두려움 없는 도전과 경험은 나만의 멘토가 된다. 나는 여행에서 알 수 없는 무한한 자신감과 만족감을 얻고 돌아온다. 그리고 현실에 충실할 수 있는 큰 정신적 자산이 된다. _ dassl

나의 꿈이 나의 멘토! 이 꿈은 포기하고 싶을 때마다 나를 일으켜준다. _ 시네마천국

자신감! 살면 살수록 가슴 뼈저리게 실감하는 단어다. _ 괜찮은 사람

나의 영원한 조력자이자 스승은 언제나 부모님이다. 나를 믿어주는 부모님이 있기에 난 다시 자신감을 가지고 앞으로 나갈 힘을 얻게 된다. _ 금붕이

변화는 기회를 가져온다. _ 바람에나부끼는커텐

누구나 실패할 수 있다. 중요한 것은 항상 최선을 다하는 것이다. _ 비너스여왕

강한 자가 이기는 것이 아니라, 이긴 자가 강한 것이다. _ mm9488

하면 된다! 더 이상의 이유는 없다. _ kth1331

부모가 당신을 사랑하는 것보다 자신을 더 많이 사랑해야 한다. _ 햇님

진정한 승자는 단 한 번도 넘어지지 않은 사람이 아니라 수십 수백 번 넘어져도 다시 일어나는 사람이다. _ 잘될거야빠샤

스스로 만들어가는 작은 기적이 또다른 자신감을 만든다. _ 아비가일

처세處世에 불필요공不必邀功하라
무과無過면 변시공便是功이니라
여인與人에 불구감덕不求感德하라
무공無怨이면 변시덕便是德이니라

세상을 살아가는 동안 언제나 성공만 따르기를 바라지 마라.
일을 그르치지 않으면 그것이 곧 성공인 것이다.
남에게 줄 때 상대방이 그 은덕에 감동하기를 바라지 마라.
상대방이 원망하지 않으면 그것이 바로 은덕인 것이다.

「채근담」

내 안에 잠재된 자신감을 깨네다!

비즈니스 교양강좌 2만원 상품권

20000

金貳萬 원券

유효기간 : 2008년 6월 11일
문의 : 휴넷 고객센터 1588-6559

www.hunet.co.kr
평생학습파트너 휴넷

비즈니스 교양강좌 2만원 상품권
Shout! 자신감

www.hunet.co.kr
평 생 학 습 파 트 너 휴 넷

비즈니스 교양강좌 2만원 상품권
Shout! 자신감

상품권 인증번호

5363E-CS711-F0050-
0B025

강좌목록

>> 리더와 리더십
>> 이력서와 면접으로 승부하라
>> 문제해결능력향상과정
>> 여성 리더를 위한 이미지 메이킹
>> 저급리 고령화 시대의 자산운용
>> 프로 직장인의 기본 역량
>> 성격 유형에 따른 대인관계
>> 성공적인 이메일관리의 비결
>> 10년 후를 내다보는 경력관리

이용방법

>> 휴넷(www.hunet.co.kr) 사이트에 로그인한다.
>> 로그인 영역 바로 아래의 [나의 페이지]를 클릭한다.
>> [나의 페이지] 왼쪽 메뉴 중간의 [상품권 관리]를 클릭한다.
>> 위 상품권 번호 20자리를 입력한 후 [상품권 등록]을 클릭한다.
>> 등록 후 적용된 상품이 [확인]을 누르면 수강 가능한 과목을 확인할 수 있다.

사이트 로그인 ▶ 나의 페이지 클릭 ▶ 상품권 관리 클릭 ▶ 인증번호 입력 ▶ 상품권 등록 ▶ 상품권 적용 확인